田径
全能技术与训练研究

康钧 ◎ 著

首都经济贸易大学出版社
Capital University of Economics and Business Press
·北京·

图书在版编目（CIP）数据

田径全能技术与训练研究/康钧著．——北京：首都经济贸易大学出版社，2021.10

ISBN 978-7-5638-3291-0

Ⅰ．①田… Ⅱ．①康… Ⅲ．①田径运动-运动技术-研究②田径运动-运动训练-研究 Ⅳ．①G82

中国版本图书馆 CIP 数据核字（2021）第 235712 号

田径全能技术与训练研究
康　钧　著
TIANJING QUANNENG JISHU YU XUNLIAN YANJIU

责任编辑	王晓云
封面设计	砚祥志远·激光照排　TEL：010-65976003
出版发行	首都经济贸易大学出版社
地　　址	北京市朝阳区红庙（邮编 100026）
电　　话	（010）65976483　65065761　65071505（传真）
网　　址	http://www.sjmcb.com
E-mail	publish@cueb.edu.cn
经　　销	全国新华书店
照　　排	北京砚祥志远激光照排技术有限公司
印　　刷	北京建宏印刷有限公司
成品尺寸	170 毫米×240 毫米　1/16
字　　数	208 千字
印　　张	11.25
版　　次	2021 年 10 月第 1 版　2023 年 8 月第 2 次印刷
书　　号	ISBN 978-7-5638-3291-0
定　　价	45.00 元

图书印装若有质量问题，本社负责调换

版权所有　侵权必究

前　言

现代田径运动多数将其分为径赛、田赛和全能三大类，或分为竞走、跑、跳跃、投掷和全能五大类。全能运动又分为男子、女子两个单项项目。男子全能比赛项目为十个单项，简称"十项全能"，运动员要在两天内按项目顺序完成十个项目的比赛；女子全能比赛项目为七个单项，简称"七项全能"，运动员要在两天内按项目顺序完成七个项目的比赛。因为运动员比赛的顺序、休息的时间都有严格的规定，所以全能运动员训练和比赛有着自身的特点，与单项有着明显的区别。全能运动是以各个单项技术为基础的，因此，其本身又包含各个单项所需的基本条件和训练内容。全能运动的这种特殊性是我们认识其训练特点的基础。

全能运动均衡地设置了径赛、跳跃和投掷中的各个单项，对速度、力量、技术和耐力等有着非常高的要求。全面发展是全能运动项目和优秀运动员技术表现的特点，也是全能项目发展的总趋势。

本书较全面地讲述了全能运动训练中应掌握的各种训练要素、计划制订、心理调控等科学控制的理论知识，详细介绍了全能运动包含跑、跳、投、跨等运动项目的基本技术及全能项目中的技术动作迁移现象，除了介绍各项目的技术动作外，还特别对项目的训练要点以及部分项目易犯的错误进行解析。这样更便于运动健身者有一个正确的认识，从而更好地提高自身的运动能力和运动素质。

本书具有较强的科学性和广泛的实用性，不仅适用于普通的运动健身者，也可作为专业和业余的教练员及运动员的参考用书。

由于作者水平有限，不当之处在所难免，恳请读者批评指正，使本书不断提高和日趋完善。

本书得到北京体育大学熊西北教授、清华大学张威教授、首都体育学院尹军教授、中国农业大学束景丹教授、首都经济贸易大学贺慨教授的帮助和指导，在此表示衷心感谢。

康钧

目录
CONTENTS

第一章　了解田径运动 …………………………………………………………… 1
　第一节　田径运动的起源 ………………………………………………………… 1
　第二节　田径运动的定义、特点及意义 ………………………………………… 2
　第三节　世界田径运动的发展 …………………………………………………… 6
　第四节　中国田径运动的发展 …………………………………………………… 9

第二章　全能运动 ………………………………………………………………… 12
　第一节　全能运动发展概况 ……………………………………………………… 12
　第二节　全能运动的项目特征 …………………………………………………… 14
　第三节　全能运动员的训练原则 ………………………………………………… 16
　第四节　全能运动训练中的伤病预防与紧急处理 ……………………………… 23
　第五节　全能运动员的比赛 ……………………………………………………… 38

第三章　全能运动员短跑运动技术与训练要点 ………………………………… 47
　第一节　短跑的基本技术 ………………………………………………………… 47
　第二节　短跑训练要点 …………………………………………………………… 56
　第三节　现代短跑技术专门练习 ………………………………………………… 59
　第四节　短跑训练应注意的问题 ………………………………………………… 70

第四章　全能运动员的中长跑训练 ……………………………………………… 73
　第一节　中长跑技术和专门性练习 ……………………………………………… 73
　第二节　中长跑的训练要点 ……………………………………………………… 79
　第三节　中长跑训练应注意的问题 ……………………………………………… 81

1

第五章　全能运动员跳跃项目技术与训练特点 …… 84
第一节　跳远技术与训练要点 …… 84
第二节　跳高运动技术与训练要点 …… 95
第三节　撑竿跳高运动技术与训练要点 …… 105

第六章　全能运动员投掷项目技术与训练要点 …… 114
第一节　铅球运动技术与训练要点 …… 114
第二节　标枪运动技术与训练特点 …… 122
第三节　铁饼运动技术与训练特点 …… 128

第七章　全能运动员跨栏跑技术与训练要点 …… 135
第一节　跨栏跑的基本技术与专门性练习方法 …… 135
第二节　跨栏跑的技术要点 …… 149
第三节　跨栏跑训练应注意的问题 …… 150

第八章　全能项目中的技术动作迁移现象 …… 153
第一节　运动技能迁移现象 …… 153
第二节　跨栏跑和跳高之间的技术动作迁移现象 …… 155
第三节　短跑和跳远之间的技术动作迁移现象 …… 156
第四节　掷铁饼与旋转式推铅球之间的技术动作迁移现象 …… 157

第九章　全能项目组合训练研究 …… 159
第一节　技术训练的组合 …… 159
第二节　身体素质训练的组合 …… 164
第三节　全能训练计划案例 …… 166

第一章　了解田径运动

田径运动起源于人类的生产劳动，是历史最悠久的体育运动项目之一，它的产生可以追溯到原始社会人类生产劳动的最初形式——采集和狩猎。采集和狩猎是原始社会人类最主要的生产活动，原始人在采集和狩猎活动中逐步学会和发展了走、跑、跳跃、投掷、攀登和爬越等各种运动技能，这些技能也构成了人类社会最初的体育形态，也是田径运动的源头。随着生产力的发展和社会生活的丰富，原本与生产劳动相关的体育项目，如跳跃、掷标枪、障碍跑等逐渐形成了田径运动的竞技项目。

第一节　田径运动的起源

田径运动这个词译自英文 track and field。track 的中文意思为"小径"，field 的中文意思为"田地"，合称为"田径"，后引申为"田径运动"。最早的田径比赛起源于古希腊，是在公元前 776 年古希腊奥林匹克村举行的第一届古代奥运会上进行的；从那时起，田径运动成为正式的比赛项目之一，每隔四年举办一次。公元前 708 年，由铁饼、跳跃、绕运动场跑、掷标枪、摔跤组成的五项全能就已经出现。公元 394 年，古代奥林匹克运动会被罗马皇帝狄奥西多废止，田径运动竞赛被中断，在此之前，古代奥林匹克运动会一共举行了 293 届。

现代田径运动起源于英国。19 世纪 20 年代，英国伊顿公学举行了田径比赛，1864 年，英国牛津大学与剑桥大学进行了校际田径赛，1894 年，在伦敦举行了英国牛津大学与美国耶鲁大学间的国际田径赛。1894 年，在法国巴黎成立了现代奥运会组织。1896 年，第一届现代奥运会在希腊首都雅典举行，在这届奥运会上，田径的走、跑、跳跃、投掷等田径项目成为比赛的核心项目，也包括众人关注的马拉松项目。第一届奥运会的成功举办标志着现代田径运动体系的建立。

1912 年，根据田径运动发展的需要，成立了国际业余田径联合会，它在确定比赛项目、拟定规则、组织国际比赛、审批世界纪录以及促进国际交流等方面发挥了很大的作用,使田径运动发展成为有组织、有目的的国际社会活动。

1928年,第九届奥运会开始设立国际业余女子田径比赛项目。1983年,第一届世界田径锦标赛在芬兰赫尔辛基举行。

第二节 田径运动的定义、特点及意义

一、田径运动的定义

国际田径联合会(International Association of Athletics Federations, IAAF, 简称"国际田联")章程将田径定义为:田径运动是由田赛、径赛、公路赛、竞走和越野赛组成的运动项目。其中,田赛是指在跑道所围绕的中央或临近的场地上进行的以高度和远度计算成绩的跳跃和投掷项目,径赛是指在跑道上进行的以时间计算成绩的短跑、中长跑、跨栏跑、障碍跑、接力跑、定时跑以及竞走等不同距离、不同形式的项目。

我国对"径赛"和"田赛"的定义是:以时间计算成绩的竞走和跑的项目叫"径赛",以高度和远度计算成绩的跳跃和投掷项目叫"田赛"。这里的径赛包括公路赛、越野赛等田径场跑道之外的比赛。与国际田联的田径定义稍加对比就会发现,径赛项目只包括在田径场跑道上所进行的跑的项目(各种距离的平跑、跨栏跑、障碍跑、接力跑),而公路跑、竞走、越野跑等则分别被列入其他类别。

公路赛是在公路上进行的项目,它要求路面平坦、交通安全,其距离的测量误差必须在本项目规定的允许范围内。这类项目(如马拉松、公路接力赛、马拉松接力赛、半程马拉松赛等)的起点和终点可以设在体育场内,也可以设在体育场外。竞走是一项特殊的项目,它可以在体育场内或体育场外比赛,体育场外的比赛必须在公路上进行。根据惯例,该项目的计量单位要根据比赛场地的特点有所区别。越野跑必须在野外自然环境中进行,起终点可以设在体育场外,比赛距离没有严格的规定,一般根据可供选择的实地环境确定比赛路线。

二、田径运动的特点

田径运动特有的基础性作用是其他任何体育项目都无法代替的,其突出特点表现在以下几个方面。

(一)参加人群的广泛性

田径运动是普及率最高、参与人数最多的运动项目。在学校体育教学中,

它是教学的重点内容；在群众体育中，田径项目最容易开展，尤其是趣味性田径比赛，更容易为参加者所接受。主要原因有以下几个方面：

（1）健身效果好且选择项目广。田径运动中的耐力性项目、跳跃项目和投掷项目均对提高人体健康水平和发展全面身体素质具有显著效果，参加田径运动的人可根据自己的兴趣和爱好去选择不同的项目，还可根据个人的身体情况和需求确定适合个人的运动项目，从而促使个人的健康水平得到全面发展。

（2）条件限制少。田径运动的基础性决定了它所需的场地简单，也不需要任何复杂或价格不菲的器材，通常只需要在室内外有一定的活动空间就可以进行，如在室内进行原地的高抬腿、立卧撑、原地纵跳等，也可以在田间、公路、公园等地进行各种走、跑、跳、投掷等运动，而且田径运动受时间、气候等因素影响很小，既可以在工作期间进行，也可以在闲暇时间进行。尤其是从事田径运动所需的器材也非常简单，可以就地取材或自制器材进行各种力量练习或跳跃练习。

在举行基层运动会时，既可以在标准场地上进行比赛，也可以在非标准场地上进行比赛，使用的器材和设备也可以简化，或使用近似的器材或设备代替。

（3）可参与性强。不同年龄、性别、不同身体状况的人都能够选择自己适合的项目，在运动中可自主控制运动的负荷量和负荷强度。田径运动不受参加人数的影响。大部分田径项目都能让参加者经过短期训练后参加比赛。

（二）比赛的激烈性

田径运动竞赛是体能、技术和心理的较量，在高水平比赛中表现得更为明显。高水平运动员的比赛成绩越来越接近，经常以微弱的差距决定胜负。田赛项目的成败取决于运动员瞬间水平的发挥，而径赛项目运动员从同一条起跑线开始进行全程的拼搏。因此，田径运动竞赛非常紧张而激烈，参加比赛的人不仅要精力高度集中，还要心理素质强大，不畏强手，充分发挥自身的竞技水平。田径运动比赛项目共有47项，以个体项目为主、接力项目为辅，个体实力对比赛结果具有决定性作用，尤其是短距离跑比赛，如60米、100米或直道栏项目，经常会以千分之一秒的差距决定出冠亚军，在2021年东京奥运会上还首次出现了两名男子跳高选手同获金牌的场面，激烈的竞争气氛常常贯穿赛事全过程。

（三）身体素质发展的全面性

田径运动的基本运动形式有走、跑、跳、投，既有个人项目也有集体项目，它们反映了人的速度、力量、耐力、柔韧、灵敏、协调、平衡等身体素质。每个项目都有自身的代谢特点和技术特点，突出地要求运动员具有某一方面的超强能力。优秀田赛项目运动员的训练和比赛大多围绕某一个专项，而径赛项目运动员大多参加兼项比赛和训练，如100米兼项200米，200米兼项400米，5 000米兼项10 000米，等等。总之，全面地参加田径项目可使人的各项身体素质和运动能力得到全面提高，因为不同运动项目对身体素质和运动能力的差异化需求，可对运动者形成不同的身体形态、个性品质和心理特质。

（四）运动技术的精准性

田径运动的项目有周期性和非周期性两种，就各项技术动作而言，它既不同于技巧性项目，也不同于其他一些直接对抗性的项目。田径运动比赛中的田径技术相对稳定，动作结构和运动形式也比较简单，但是它对动作的精准性和技术运用的合理性要求极高。人的潜力在一定意义上讲是有限度的，要创造更好的成绩，必须依靠先进的合理技术。所谓合理技术，即能充分发挥人体各运动环节的协调配合能力，调动各运动器官的最大潜力，节约体能，在时间、空间和肌肉用力上达到高度统一的技术。要使个人技术既符合运动生物力学的合理性，又与个人特点相结合，就需要运动者反复练习，不断改进技术，并形成符合个人特点的技术风格。田径运动技术要求在瞬间达到高度准确，每一个动作，身体的每一个环节、每块肌肉或每个肌群的用力和放松的时间与顺序，构成了运动技术严密的统一体。在比赛中，常常会出现由于一个动作细节出现偏差而导致成绩不理想甚至动作失败的情况。因此，田径运动技术训练需要贯穿在多年培养的全过程，只有不断地细化运动技术环节，不断地使技术达到自动化程度，才能在赛场上表现出最高的竞技水平。高水平优秀运动员一般都能根据比赛地区的不同气候、气温、湿度、风向、海拔高度等环境条件，及时调整比赛战术和个人技术动作，以便更好地利用外界条件或克服不利条件，保证自己最佳竞技水平的发挥。

（五）在大型综合性运动会中的特殊地位

田径运动是奥运会、世锦赛、洲际运动会、国家和地区运动会等大型综合性运动会设置项目最多、奖牌最多的体育项目，而且田径项目比赛都安排在奥运会和大型综合性运动会的中心或主运动场进行，也是大型综合性运动会开幕式和闭幕式举办场所。加之，田径项目贯穿奥运会比赛的全过程，通常马拉松是最后一项比赛项目。因此，田径运动具有很强的国际影响力和广泛的社会影响力，田径比赛往往具有参赛国家和地区多、参赛运动员多、设置项目多、奖牌多等特征。

三、田径运动的意义

（一）田径运动的教育意义

首先，田径运动的各个项目都要求运动者在一定的限制条件下表现出挑战极限、挑战自我的能力以及高水平的运动能力，树立必胜的信心和坚强的意志品质。因此，它能培养人的自律性和积极进取的意志品质。

其次，田径运动是在严密的组织下，按严格的规则和要求进行的。运动员要通过个人努力才能取得优异成绩，这一成绩与集体荣誉连在一起。因此，它能培养参与者遵守规则的意识、敢于接受失败和敢于挑战强者的责任感以及集体主义精神。

再次，田径运动主要是个体性项目，运动者需要以不同的方式和方法不断完善自己，提高运动水平，更多地依靠个人独立地完成任务。在比赛中要有应变能力、自我情绪调控和排除各种干扰的能力。因此，它有助于良好个性的形成，有利于良好心理素质的培养。

最后，田径运动的技术变化小，单一重复的动作较多，尤其是训练内容相对单一、枯燥，而且训练负荷量和负荷强度均较大，有利于培养练习者吃苦耐劳和坚忍不拔的精神。

（二）田径运动的健身意义

田径运动的不同项目对提高运动能力和相应的身体素质具有独特作用，尤其是对提高人的健康水平具有明显作用。其中，短距离跑是人体在无氧系统条件下进行的一项运动，它能使有氧系统酶的活性增加，提高人体的最大摄氧量，同时有助于提高中枢神经系统的兴奋性。它是发展快速运动能力和提高无氧代谢水平的重要手段。

从事长距离跑和竞走练习能够增进心血管系统和呼吸系统的工作能力。人体在有氧状况下进行运动会消耗较多的能量，因此，长距离跑和竞走等有氧运动能够很好地避免人体内脂肪过多储存，它也是提高心肺功能、发展人体耐久力的有效手段。

跳跃运动是人体在短时间内通过高强度的神经活动和肌肉用力克服障碍的运动。跳跃运动能使人的本体感觉和身体机能得到有效提高，它是提高身体控制能力和集中用力能力，以及发展协调性和灵敏性的有效手段。

投掷运动是表现人体力量的有效手段，它能使人体肌肉变得更加发达，力量素质变得更强，而且还能有效改善人体的灵活性。

转体类运动能使神经过程变得更加平衡，能有效提升前庭分析器工作的稳定性，而且还能有效提高肌肉力量，改善神经过程，增强力量素质。

（三）田径运动的竞技意义

在竞技体育领域，田径是公认的运动大项，它的奖牌最多，素有"得田径者得天下"之说。各种大型综合运动会的最后一项比赛一般都是田径项目，团体的胜负往往在最后田径比赛的角逐中决出。田径训练一般对个体的身体条件要求不是很高、选材面相对较广、参加人数多，而且是个人项目，项目投资与奖牌数量比较小，效益高。所以，田径项目一直被列为竞技体育中优先选择发展的重点。

由于田径运动在提高身体素质方面效果显著，加之身体素质测量方法简单易行，测试结果直观性强，而且数据客观公正，因此，很多竞技体育项目都把它作为全面发展身体素质的重要手段，即使是运动员体质测试、学生健康体质测试和国民体质测试等，也大都采用田径运动中常用的 50 米或 100 米跑、800 米或 1 000 米跑、立定跳远、坐姿体前屈、前抛实心球、绕杆跑等。

第三节　世界田径运动的发展

一、世界田径运动成绩发展现状

运动成绩是衡量田径竞技水平高低的重要指标，也是田径实力的一种量化表现形式，同时也是衡量田径运动发展水平的重要标志。

在 20 世纪 60 年代世界田径运动项目已经屡创佳绩，进入 80 年代后，田径竞技成绩的表现更是势如破竹。据美国《新闻周刊杂志》统计，近 50 年来所有奥运会项目世界纪录都是在 1980 年以后创造的。

为了客观定量评价世界竞技田径运动在过去 20 年间的发展状况，通过比较世界男女各单项（男女 4×100 米、4×400 米接力、女子链球除外）优秀田径运动员 1979—2000 年排名前 10 名的成绩变化情况，可以清晰地看出世界田径运动竞技项目总体成绩发展态势（见图 1-1）。有学者对世界男子和女子田径运动成绩总体定基发展态势，以及男子和女子跑、跳、投各类项目的成绩定基发展态势进行了研究。该研究用到了多项考核指标，其中，定基增长速度反映了运动成绩在较长时期内总的增长速度，环比发展速度反映了运动成绩逐期的增长速度，平均增长速度程度则反映了运动成绩水平每期增长变化的程度。

研究结果显示，世界竞技田径运动运行轨迹表现出以下几个特点：①从世界田径运动发展轨迹来看，世界田径运动的成绩呈现出持续发展态势（定

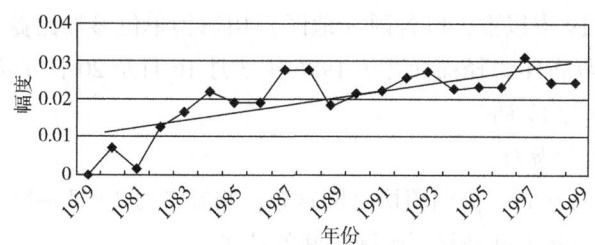

图1-1 世界田径运动竞技项目总体成绩发展态势

基增长系数：0.018）；②世界田径运动在20世纪80年代期间整体水平高速发展后，在进入90年代后总体成绩发展势头趋向平稳，田径成绩越来越接近身体极限水平；③从总体过程来看，在过去的20年里，世界田径运动成绩的运行呈现出一种波浪形走势，而且在奥运年、世锦赛年成绩总体水平基本上处于一个高峰。

二、世界田径大赛介绍

（一）奥运会田径比赛

奥运会田径比赛一直是奥运会最主要的比赛项目之一，也是影响力最大的项目之一。田径比赛是奥运会中金牌最多、比赛内容最丰富的单项运动，历来受到各国的重视。奥运会每四年举办一届，第一届奥运会设有12项田径比赛，截至2021年第32届东京奥运会，共设有47项田径比赛。

（二）世界田径锦标赛

世界田径锦标赛是国际田联主办的国际田径比赛。国际田联于1978年10月第31届波多黎各代表大会上决定，除"世界杯"田径赛外，从1983年起，举行首届"世界田径锦标赛"。

世界田径锦标赛在每届奥运会的第三年举行，以各国（地区）协会为单位参加，赛程为8天，中间休息1天，比赛项目为男子24项，女子19项。在世界田径锦标赛前一年，国际田联根据国际田联世界名次记分表公布"A" "B"两级报名标准。达到"A"级报名标准的协会，每项可报2～3名运动员；达到"B"级报名标准的协会，每项可报1名运动员。自1983年至2021年，世界田径锦标赛已经举办了17届。

（三）世界青年田径锦标赛

世界青年田径锦标赛是国际田联主办的国际青年田径比赛，举办该赛事的目的是使世界各国的青年优秀运动员有互相竞争、互相学习的机会，促进世界青年田径选手运动技术水平的迅速提高。世界青年田径锦标赛每两年举行一次，比赛项目为41项（男子23项、女子18项）、赛期5天。要求参赛选手的年龄在19岁以下,以各国(地区)田协为单位参加比赛。

第一届世界青年田径锦标赛于1986年7月16日至20日在希腊雅典举行,至2021年已举行17届。

(四)田径世界杯

2018年2月5日,英国田协官网宣布,将在7月14日—15日举办首届田径世界杯,这个赛事已经得到国际田联的认可。

美国队获得首届田径世界杯冠军,波兰队获得亚军,英国队获得第三,牙买加队获得第四。法国、德国、南非和中国分列五到八位。

三、世界田径格局的发展

1980年以前,美国、苏联、德国实力较为均衡,其中美国略强。从1988年以后统计的数据来看,美国一枝独秀,苏联的解体、德国的统一使这两个国家的竞争力有所下降。但如果结合历年进入世界前10名人次统计结果来分析,俄罗斯还是具有相当强的实力的,德国则与美国、俄罗斯有一定的差距。

第23~31届奥运会五大洲夺牌实力从高到低排序为欧洲、美洲、非洲、亚洲、大洋洲。在速度性项群上,美洲伴随牙买加队的崛起,夺牌数傲视群雄;在耐力性项群上,非洲具有先天优势,成为耐力项群夺牌的精锐之师;在全能性项目、快速力量性项群上,欧洲独占优势,夺牌数遥遥领先。

有研究报道,世界田径运动竞争格局重新确立,各国对将金牌、奖牌及成绩积分作为衡量国家地域田径竞技实力的效度指标具有较高的一致性。从国家间非衡态势层面来看,从金牌、奖牌呈现出的集中分布态势可以看出,不同国家获取积分存在极大不均衡性,第一集团占80%积分,而第二和第三集团仅占剩余20%积分,"强者更强、弱者恒弱、强弱明显"的两极分化态势已经逐步形成。

从洲际非衡态势层面来看,根据竞技实力波士顿矩阵图,在奖牌占有率和增长率上:亚洲"占低增高",发展潜力巨大;欧洲和非洲"占高增低",已经趋于饱和;美洲"占增双高",竞技实力突出;大洋洲"占增双低",很难取得突破。欧洲依然是世界田径运动的中心,美洲、非洲有逐渐赶超的趋势,而亚洲和大洋洲则竞争力较弱。

欧洲、美洲竞争格局的形成得益于其是科学技术革命的先驱,也是田径运动训练先进理论的探索者。同时,中北美及加勒比、非洲大陆、东欧和西北欧地区的运动员占据人种优势,黑种人在短跨、中长距离项目上竞技实力较强,白种人在投掷、全能项目上优势明显,黄种人在田径运动方面不占据人种优势,由此奠定了世界田径非衡态势竞争格局的基础。

第四节 中国田径运动的发展

一、中华人民共和国成立前的田径运动

田径运动是在19世纪末传入中国的,当时主要在教会学校中开展。20世纪初期,随着清政府废科举、兴学校等"新政"的实行,新式学堂如雨后春笋般大量兴办起来,在课外活动中逐步开始举办田径运动会。1919年五四运动以后,田径列入了学校体育课,使田径运动得以进一步开展。

旧中国第一届全运会(1910年)、第二届全运会(1914年)田径赛的组织、规程制定和裁判等工作多为外籍教师包办,径赛距离和田赛成绩丈量均采用英制单位,如100码、跳远(呎、吋)、铅球(磅)等,参赛人数只有几十人。第一届全运会设置了11个田径比赛项目,上海运动员获多项冠军;第二届全运会设置了13个田径比赛项目。1924年第三届全运会田径赛由中国人自己主办,田径赛场地丈量和田赛成绩计算开始采用公制单位,共设置19个比赛项目。

1948年第七届全运会在上海举行,运动会规模之大、参赛人数之多是前所未有的。这届大会田径比赛取消全能项目,男子5公里竞走单独列项比赛;共有11人打破8项全国纪录,总体比赛成绩平平。

中华人民共和国成立前,中国田径选手曾参加三届奥运会(1932年第10届,1名选手参赛;1936年第11届,23名选手参赛;1948年第14届,3名选手参赛)。灾难深重的旧中国,田径运动竞技水平低下,在亚洲无地位,在世界大赛中未突破"零"的纪录。

二、中华人民共和国成立后的田径运动

中华人民共和国成立后,党和政府的重视为开展体育运动创造了良好的条件,群众体育活动广泛开展,包括田径项目在内的运动技术水平有了较大幅度的提高。

20世纪50年代,中国的田径运动开始飞跃发展,石宝珠、郑风荣、姜玉民、刘正等一批女子田径选手的成绩进入了世界前10名。女子田径纪录在1953年全部被刷新,男子项目纪录在1958年也全部被刷新。

1976年以后,田径运动重新恢复和发展,田径运动水平迅速提高。1979年第4届全运会田径赛打破了18项全国纪录,38项比赛中有34项成绩超过了1975年第3届的水平;1983—1984年,朱建华连续以2.37米、2.38米和

2.39 米的成绩三破男子跳高世界纪录。

1984 年，中华人民共和国运动员首次参加了第 23 届奥运会。朱建华获男子跳高铜牌。有 7 人 5 项进入前 8 名。

1990 年，在北京举行了第十一届亚运会，我国田径运动员共获得 29 个冠军。中国田径在亚洲处于优势地位。

2000 年，在悉尼举行的第 27 届奥运会，我国田径运动员王丽萍获得女子 20 公里竞走金牌，李季获女子 10 000 米第 7 名，中国女子 4×100 米接力跑获得第 8 名。

2004 年 8 月，在雅典举行的第 28 届奥运会，我国运动员刘翔获男子 110 米栏金牌，并以 12.91 秒的成绩平世界纪录，邢慧娜获女子 10 000 米金牌。田径赛共获得 33 分（男 17 分，女 16 分），取得了较好的成绩。刘翔 110 米栏的成就在国内外引起了很大的震动和反响。

2008 年，第 29 届奥运会在北京举行，主场作战的中国田径队尽管派出了 77 人（男子 32 人，女子 45 人）的庞大阵容参赛，在强手如林的女子链球决赛中，张文秀顶住压力，以 74.32 米为中国队收获一枚铜牌。在女子马拉松决赛中，周春秀拼尽全力，以 2 小时 27 分 07 秒为中国队再添 1 枚铜牌，她的队友朱晓琳则以 2 小时 27 分 16 秒获得第 4。而赛前被认为最有望夺金的刘翔，则在男子 110 米栏预赛的时候因伤退出了比赛。王浩以 1 小时 19 分 47 秒获得男子 20 公里竞走的第 4 名，刘虹以 1 小时 27 分 17 秒获得女子 20 公里竞走的第 4 名。

2019 年的多哈田径世界锦标赛上，中国田径队以 3 金 3 银 3 铜列奖牌榜第四，值得一提的是，3 金 3 银 3 铜的成绩是中国田径队继 1993 年斯图加特世锦赛（4 金 2 银 2 铜）之后，创造的最佳战绩。其中，铅球名将巩立姣成功实现卫冕，而女子竞走项目则贡献两枚金牌；此外，在男子 110 米栏、男子 4×100 米接力等项目上，中国队也都有所突破。

2021 年的东京奥运会上，中国田径队以 2 金 2 银 1 铜，排名第七位。本届奥运会上中国运动员创造了一个又一个历史性的突破，让人激动不已。苏炳添在男子 100 米决赛中以 9 秒 98 获得第 6 名，成为首位闯进奥运会男子 100 米决赛的黄种人。值得一提的是，苏炳添在半决赛中以 9 秒 83 的成绩创造了新的亚洲纪录；巩立姣在女子铅球决赛中以 20.58 米个人最好成绩获得冠军，成为中国首位奥运会田赛项目冠军；刘诗颖在女子标枪决赛中第一枪就投出 66.34 米的个人最好成绩，随后无人超越，获得标枪项目首枚奥运金牌，创造历史；朱亚明在三级跳远决赛中以 17.57 米的个人最好成绩获得亚军，成为中国首位获得三级跳远项目银牌的运动员；王铮在女子链球决赛中以 77.03 米的个人最好成绩获得亚军，成为中国首位获得银牌的运动员；刘虹在女子 20 公里竞走决赛中以 1 小时 29 分 45 秒获得季军；王春雨在女子 800 米决赛中以 1 分 57 秒的个人最好成绩获得第五名，成为首位闯进奥运会女子 800 米的中国人；苏炳添、谢震业、汤星强、吴智强组成的男子接力队，在 4×100 米接力决赛中跑出 37 秒 79 平国家纪录的成绩，获得历史性的铜牌；梁小静、黄瑰芬、葛曼棋、韦永丽组成的女子接力队，在 4×100 米接力决赛获得第六名，创造了奥运会最好名次。

可见，中国田径在亚洲的整体实力虽然首屈一指，但与美国、英国等发达国家相比，中国田径还需不断努力，这就要求我国田径工作者努力学习和研究国内外先进的田径理论与经验，采取有力措施，用创造性的智慧和训练不断提高中国田径运动水平。

参考文献

[1] 文超. 中国田径运动史 [M]. 广州：华南理工大学出版社，2014.

[2] 黄亚飞，杜振巍. 中国古代田径运动的历史演变轨迹 [J]. 体育科技文献通报.

[3] 蒋国强，柯谷鑫. 大学体育与健康 [M]. 武汉：武汉大学出版社，2019.

[4] 李鸿江. 田径 [M]. 北京：高等教育出版社，2018.

[5]《田径运动教程》编写组. 田径运动教程 [M]. 北京：北京体育大学出版社，2013.

[6] 高峰. 田径运动技术研究及实践项目分析 [M]. 北京：中国纺织出版社，2018.

[7] 陈晋. 田径运动理论与实践研究 [M]. 北京：北京体育大学出版社，2014.

[8] 朱俊荣，易军，张庆建. 新编田径教程 [M]. 北京：线装书局，2011.

[9] 王兴林. 田径运动概论 [M]. 北京：科学出版社，2009.

[10] 谢向阳，张卫. 田径运动实用教程 [M]. 广州：中山大学出版社，2019.

[11] 孟献峰. 田径 [M]. 北京：中国矿业大学出版社，2015.

[12] 张振华，刘成. 奥运会田径项目竞技格局动态演变和中国田径战略选择研究：基于第 23~31 届奥运会田径成绩分析 [J]. 辽宁体育科技，2019，41（6）.

[13] 周铭扬，王政，严鑫. 世界田径竞争格局非衡态势研究 [J]. 四川体育科学，2021，40（4）：62-67，72.

第二章 全能运动

现代奥林匹克运动会将田径全能运动分为男子十项全能和女子七项全能两个单项,虽然全能运动员参加了多个单项的比赛,但是全能运动员只能获得一枚金牌。全能比赛与田径单项比赛的最大区别在于全能比赛有着固定的项目顺序,田赛项目有固定的试跳或试投次数、固定的升高计划,每项比赛之间的休息时间等也有着严格限定,全能运动员要在两天里参加十个项目或七个项目的比赛,比赛时间跨度长,难度大,所以全能运动员的训练和比赛有着独特之处。

第一节 全能运动发展概况

全能运动是一项古老的田径运动项目,早在公元前的第十八届古希腊奥运会上就开始有全能比赛。全能比赛采用国际田联规定的评分表,把多个田径项目的积分之和作为全能项目比赛的成绩。现代全能运动1880年始于美国。第一个十项全能(ALL-ROUND)由100码(91.44米)跑、推铅球、跳高、880码(804.67米)竞走、掷链球、撑竿跳高、120码(109.73米)跨栏跑、掷壶铃、跳远和1英里(1 609.34米)跑组成,整个比赛一天举行。现代全能运动分为男子为十项全能和女子为七项全能,比赛分两天举行。

男子十项全能,从项目设定以后到2008年的北京奥运会,没有变化,只是在1920年奥运会前把110米栏和掷铁饼两个项目的比赛顺序进行了调换。男子十项的发展大致分为五个阶段:①1912—1922年,5 000~6 000分阶段;②1923—1934年,6 000~7 000分阶段;③1936—1960年,7 000~8 000分阶段;④1960—1981年,达到8 000分以上阶段;⑤20世纪80年代,十项全能进入了超级阶段,总分达到了8 500分以上,捷克运动员罗·塞德勒创造了前世界纪录9 026分。2015年8月29日,在北京举行的2015年国际田联世界田径锦标赛男子十项全能比赛中,美国运动员阿什顿·伊顿在1 500米比赛中排在第二组出场,跑出了4分17秒52的成绩,打破其三年前创造的9 039分的纪录,以9 045分的总成绩获得冠军,创造了新的世界纪录。另外,在100米跑、400米跑、110米栏这三个径赛项目上他都拿到了1 000分以上的分数。他在100米项目上跑出的10秒23的成绩还创造了世界田径锦标赛十项全能百米项目的新纪录。在400米比赛中，他以45秒整的成绩创造了新的十项全能400米跑单项世界纪录。

伊顿之后，本以为男子十项全能会陷入低迷状态，很快，在2018年，法国名将梅耶尔在法国塔朗斯的比赛中，创造了十项全能9 126分的最新世界纪录。

我国的十项全能开展得比较早，在1912年、1925年的远东运动会上就获得五项和十项全能冠军。中华人民共和国成立后，涌现一批田径能手。目前，十项全能纪录8 126分是辽宁省优秀运动员齐海峰创造的。这一成绩当年在世界排在前20名。

女子全能比赛是在1964年进入东京奥运会的，当时是五项全能，1981年开始改为七项全能。七项全能的确定表示女子可以在速度、力量、耐力，以及多种技能、技术上全面发展，使女子全能进入了一个更接近男子十项全能的新历史时期。近20年来女子七项全能发展迅速，目前的世界纪录是7 291分。国际田联在2004—2005年规则修改部分对女子十项全能做出相关规定，承认女子十项全能世界纪录的条件为超过8 000分。这为今后女子十项全能的发展提供了参照的目标，推动了七项全能向十项全能的转换。

目前已获得国际田联正式承认的女子十项全能世界纪录为8 358分，是由立陶宛的斯库吉特于2005年4月在哥伦比亚创造的。但目前在重大的国际比赛中，女子十项全能还没有被正式列入比赛项目。

中国女子七项全能在90年代进入世界先进水平。1993年，马苗兰在第七届全国运动会上创造了6 750分的全国纪录和亚洲纪录。这一成绩当时在世界排在第3名。

全能比赛方式是把十个项目经过竞赛后所得的成绩依据全能运动项目计分表转换为得分，再把得分相加以总得分分数最高者获胜。全能运动项目从1922年开始有世界纪录产生，经历了5次计分方式改变，其所在年份分别是1920年、1934年、1950年、1962年及1985年。田径全能运动项目计分表的变化引导运动员的发展，全能运动计分方式每经过一次修改，都使全能运动员朝更全面与更均衡的方向发展。1950年，选手在三四种项目表现出色就能取得好成绩并可获得优胜。而在1985年修改计分表后，对全能运动员全面及均衡各项目的能力提出了更高的要求，只有十个单项都达到较高的水平者才能取得好成绩。近两年全能比赛世界纪录不断被打破，然而，亚洲纪录已维持13年，而我国全国纪录在跑步、跳跃、投掷及耐力等四大类得分上与世界级运动员具有较大的差异。近几年世界男子十项全能运动员的比赛成绩不断提升，运动员努力寻求突破 9 000 分大关。在 2012 年 3 月举行的土耳其室内世界田径锦标赛上，美国运动员阿什顿·伊顿就打破了室内世界纪录。到了 6 月的美国奥运会田径选拔赛上，阿什顿·伊顿以 9 039 分的总成绩获得冠军和奥运资格，并打破沉睡 11 年的世界纪录。2015 年，阿什顿·伊顿在北京世界田径锦标赛男子十项全能比赛中拿到 9 045 分，再度刷新了他本人在 2012 年创造的 9 039 分的世界纪录，目前仍是十项全能世界纪录保持者。中国选手齐海峰曾取得 8 290 分的总分，是继中国台湾地区选手杨传广——号称"中华之子田坛之王"后第二位突破 8 000 分大关的黄种人选手。2014 年，这一总分被日本选手右代启祐以 8 308 分的总分超越，近几年，中国无人再突破 8 000 分大关，选手普遍成绩在 7 300 分左右。最接近的一次总分为郭奇在 2014 年取得的 7 804 分。反观日本，在右代启祐后，2015 年中村明彦以 8 043 分再次突破 8 000 分关卡。可以看出，我国在田径十项全能这个项目上与世界级选手差距较大。

第二节　全能运动的项目特征

现代男子十项全能、女子七项全能运动均衡地设置了径赛、跳跃和投掷中的各个单项，既要求速度、力量、技术，又要求有良好的耐力，对运动员全面身体素质有着较高的要求。近一个世纪以来，"全面发展，项项都能"是全能运动项目优秀运动员技术表现的特点，也是该项目发展的总趋势。

一、全面性

全面性是全能运动最显著的特点，它主要包括项目组成的全面性、技术的全面性两个方面。

（一）项目组成的全面性

所有的全能运动竞赛项目都包含跑、跳、投的基本内容。在项目的组成上，全能运动项目是根据年龄、性别和室内外的具体情况，按照一定的顺序排列、组合而成的。跑、跳、投三大项是最基本的要素，缺一不可，差一不行。全能比赛项目组成的全面性决定了全能运动员要有短跑运动员的反应能力和速度、跳高和跳远运动员的弹跳力、投掷运动员的力量、跨栏运动员的柔韧以及撑竿跳高运动员的灵敏性，同时还必须具备坚强的意志品质，承受艰苦的全能训练和全能比赛的能力。

（二）技术的全面性

全能运动员既要参加跑的比赛，又要参加高度、远度项目的竞争，还要参加投掷项目的角逐。这就要求全能运动员必须全面地掌握全能运动中各单项的基本技术，并在全能比赛中较好地运用，充分发挥技术效果。全面提高技术水平，全面掌握这些不同性质、不同类别的技术，是取得优异全能成绩的关键，也是全面性的重要体现。只掌握某些技术，甚至精于某项技术，也不能取得理想的成绩。认识技术的全面性，首先应注重跑、跳、投三类技术的协同发展。从各单项技术的基本要求入手，注意对单项技术的掌握。在此基础上，强调跑、跳、投三类技术的全面掌握，平衡发展。

二、特殊性

全能运动是一个特殊的田径比赛项目，它的特殊性首先表现在全能运动的成绩上。

首先，按照国际田径联合会制定的田径全能运动评分表将各个单项的成绩换算成相对应的分值，将各个单项所对应的分值累计相加，得出全能运动员的运动成绩。全能运动员在比赛的整个过程中必须参加各个项目的所有比赛，如果全能运动员在比赛中的某个项目弃权，就不能再继续参加后面项目的比赛了，也不会计算该运动员最终的比赛总分。但是，如果运动员成绩太低，或者比赛中犯规，或者完成该项目失败而没有这个项目的得分，仍然可以计算该运动员的最终比赛总分。

其次，全能运动的特殊性还表现在比赛的时间上。全能运动要求运动员在规定的两天内按照一定的顺序完成整个比赛。例如，女子七项全能要求运动员在每个单元中完成规定的两个项目的比赛，最后一个单元只有 800 米跑。

再次，全能运动的特殊性还表现在竞赛要求上。根据田径竞赛规则的规定，全能比赛对每个单元各个项目之间的休息时间都有非常严格的规定，在上一个项目比赛结束之后到下一个项目比赛结束之前，至少要给运动员 30 分钟的休息时间。全能比赛的各个单项除了要符合单项的比赛规定外，还有自己特殊的规定。以各个项目的编排为例：除最后一个项目的比赛外，每个单项的分组都是由技术代表或者全能裁判长来安排的，并将倒数第二项比赛后总积分领先的运动员分在最后一项的同一组。在田赛的远度项目比赛中，运动员的试掷或者试跳次数只有三次，与单项比赛是有区别的。男子十项全能和女子七项全能的跳高项目的升高高度每次是 3 厘米，男子十项全能的撑杆跳高升高高度每次是 10 厘米，也区别于单项比赛的升高计划和高度。另外，全能比赛中对计时、起跑犯规、风速等都有着严格的不同于单项比赛的规定。

最后，全能运动的特殊性还表现在"扬长补短"上。优秀的全能运动员除了要具备全面的技术、素质外，还要有运动员自己的突出特点。世界优秀全能运动员一定会有几个单项的成绩是比较突出的，有的运动员的单项成绩甚至已经排到世界单项比赛的前几名。全能运动员用自己的优势项目的素质以长促短，带动其他单项技术的提高。从优秀运动员的得分来看，投掷成绩与其他单项成绩还存在一定的差距，因此一些运动员在训练的时候应该注重对投掷项目技术的掌握和提高。运动员应发挥强势项目优势，在平时训练的过程中注重弱势项目的跟进，做到"扬长补短"。

三、整体性

全能运动是一个技术复杂的田径项目。虽然全能运动都是由各具体单项组成的，但它绝不等于各个单项的简单相加，它是由具体的单项组合成的一个不可分割的整体性的比赛项目。在比赛中，判定胜负的原则是以运动员参加比赛各项目的累积分——总分来决定优胜的。

随着全能运动水平的提高以及运动员整体实力的增强，全能运动员在比赛中缺少任何一个项目的得分，将使他所参加的全能比赛失去意义，整体随之瓦解。另外，全能运动的教学与训练也不是各单项教学与训练的简单总和，而是在教法上、手段上相互关联，由全部项目的教学与训练有机连接而成的一个整体，是以提高整体实力为目的，以改进单项技术与能力为手段的整体性教学与训练过程。

认识全能运动的整体性，首先应树立系统的观点和整体的观点，掌握全能运动的特点，遵循全能运动教学与训练的基本规律，为运动员制订科学合理的教学训练计划，注重单项技术能力的发展和全能项目整体水平的提高。在进行技术训练时，要打好各个项目的技术基础，充分利用各个技术环节的迁移作用，合理组合技术练习，避免运动技术之间的干扰。

在训练课中，应注意顺序组合与内容安排。通常应按照项目的比赛顺序组合练习，培养对转换比赛项目的适应能力。另外，在训练课中应既有学习又有复习，把教学与训练有机结合，这样便于合理安排运动负荷，有利于掌握技术和提高训练水平。

第三节 全能运动员的训练原则

全能运动员需要掌握多个单项技术，并且在单项上还要尽力达到最好成绩，这就要求全能运动员具备各单项所要求的较高的速度和良好的爆发力，这是全能运动员提高各单项成绩的基础，也是成为优秀全能运动员的保障。

同时，高度的灵活性和协调性、学习和掌握各单项技术的能力等都是一名优秀全能运动选手要具备的条件。在此基础上，在全能运动员进行训练时，还应遵循以下训练重点及方法。

一、跑的技术训练是全能训练的重点

跑的技术训练是全能运动员掌握多种技术的基础，因此，在全能运动员开展训练的开始阶段和整个过程中，都必须抓好全能运动员跑的基本技术训练。由于全能运动员跑的技术要求近似于400米运动员跑的技术，技术训练也是借助和按照400米运动员跑的技术训练进行的。除此之外，由于全能运动员要参加跳远、跳高、跨栏等项目的比赛，对跑的技术还必须有跑的节奏要求，因此，各种变化节奏跑的练习成为全能运动员跑的技术节奏练习的主要方法手段。全能运动员只有通过训练，具备短跑运动员的技术，以及跨栏、跳远运动员的技术节奏感，才能将跑的技术合理地运用于各个项目之中。

二、抓好重点项目技术是全能提高的捷径

实践证明，男子掌握好跳远、跨栏、撑竿跳高、标枪，女子掌握好跨栏、跳远和标枪等一些重点项目的技术，是运动员提高成绩的关键。运动员只要掌握这些重点项目的技术，就可以很快地参加比赛，在比赛中锻炼自己，也可以使自己更快地"成材"，更快地达到较高的水平。

三、相互促进，减少制约

全能训练的项目较多，有些项目之间的训练有一定的联系，而有的项目之间可能有一定的冲突。因此，全能训练要尽量争取全能运动各单项技术之间的相互促进，减少项目之间的制约，最大限度地利用互相促进的正效应，最大限度地降低不良的负面效应，以使训练取得最大的效益。例如，旋转投掷铁饼的技术可以直接与旋转投掷铅球接轨，跨栏跑栏间快节奏、高步频的技术与跳远最后高步频、快节奏的上板技术相似，可尽量将两个项目共同的技术特点结合起来，让运动员通过训练进行大胆的尝试。

四、身体素质和技术密切结合，同步提高

通常情况下，提高力量的训练会增加体重，而体重下降意味着力量下降。全能运动员体重的增加有可能给跑跳项目带来负担，影响跑跳项目的成绩。所以，全能运动员的力量训练要因人而异，一些全能运动员要在降低体重的

情况下提高力量素质，而一些身体瘦弱的全能运动员则需要增加肌肉横断面，进而增加体重来提高力量素质。全能运动的力量训练应多采用以提高肌肉的伸展性、加大肌肉的初长度来提高力量的训练方法，少采用使肌肉横断面积增粗而使力量增加的训练方法。

全能项目多，要充分利用技术练习全面发展身体素质，用投掷类项目的技术练习提高力量水平，用跳跃项目的技术训练提高弹跳力、协调性，贯彻以技术带素质，以素质促技术的方针，使全能运动员技术和素质同步提高。

五、选择先进、实用、简捷有效的技术

全能运动是由各单项组成的，各单项的技术是在不断发展变化的，并且在长期训练中总结积累了许多成功的经验和练习手段、方法。全能训练要学会吸收各单项最先进的技术训练手段和方法，并通过筛选、压缩、提炼后有意识地组成符合全能运动训练特点的系列训练手段和方法，以有效地缩短全能运动员掌握技术、提高成绩的过程，加速运动员的成长。只有结合个人特点学习和掌握技术，才能够为运动员创造尽快提高技术水平的有利条件。

六、全面发展跑、跳、投的能力以及综合耐力

为了有效地在训练中体现"练为实战"的原则，每次训练课至少练习两三个项目，每周要保证有三四天上下午进行训练，以适应全天都有比赛的实战要求。要科学、合理、有条不紊地安排各项目的训练，全面发展跑、跳、投、跨的能力，以及综合耐力，以保证在连续两天的比赛中有充沛的体力。合理的训练节奏、疲劳的消除、体力的恢复都是以正确的训练方法和科学的训练安排为基础和保证的，也是完成全能运动训练任务的关键。

七、高度重视全能运动员的身体素质训练

各项身体素质如力量、速度、耐力在全能运动中起着极为重要的作用。田径运动成绩的获得离不开各项身体素质的提高，可谓"力量是基础，速度是关键，技术是保证"。只要有较好的全身各方面的力量素质，就可以保证男子十项中九个项目和女子七项中六个项目达到较高水平。速度素质是取得全能各项最好成绩的关键，速度的提高能使跑、跳、投、跨各项目成绩相应提高。值得重视的是，力量水平发展得好对提高动作速度也会产生良好的作用。耐力是全能运动不可缺少的素质，它决定运动员能否在两天里以充沛的体力赛完全部项目，耐力素质所起到的作用是其他素质无法取代的。全能运动员的各种身体素质在项目中的作用如表2-1和表2-2所示。

表 2-1　各种身体素质在男子十项全能各单项中的作用表示

全能项目	速度		力量			耐力		柔韧性	灵敏性
	反应	动作	速度力量	绝对力量	相对力量	一般耐力	速度耐力		
100 米	2	3	2	1	2		2	1	1
400 米	1	3	1		1		3		
1 500 米						3	2	1	
110 米栏	2	3	2		1		2	3	2
跳远	1	3	3	1	2			2	2
跳高	1	2	3	1	2			2	3
撑竿跳	1	2	2		3			2	3
铅球	1	2	2	3					2
标枪	3	3	2					3	1
铁饼	2	2	2					1	3

注：1 表示对本项目起中等的作用；
　　2 表示对本项目起较大的作用；
　　3 表示对本项目起主要作用。

表 2-2　各种身体素质在女子七项全能各单项中的作用表示

全能项目	速度		力量			耐力		柔韧性	灵敏性
	反应	动作	速度力量	绝对力量	相对力量	一般耐力	速度耐力		
200 米	2	3	2	1	2		2	1	1
800 米						3	2	1	
100 米栏	2	3	2		1		2	3	2
跳远	1	3	3	1	2			2	2
跳高	1	2	3	1	2			2	3
铅球	1	2	2	3					2
标枪	3	3	2					3	1

注：1 表示对本项目起中等的作用；
　　2 表示对本项目起较大的作用；
　　3 表示对本项目起主要作用。

（一）力量训练

力量练习按用力特点可分为四大类：

第一类，基础力量（大力量）。基础力量是对全能各项都起作用的力量。

训练以杠铃练习为主,包括抓举、挺举、提铃高位翻、卧推、半蹲、深蹲等。

第二类,快速力量(小力量)。要求做对动作速率或局部肌群起作用的力量练习,包括杠铃杆颈后、轻杠铃跳挺举、哑铃和杠铃片扩胸、摆臂、壶铃蹲跳和抛推、实心球练习,以及联合器械多种、多功能的组合练习。

第三类,专项力量(直接和单项技术结合的专门力量)。这类力量练习包括:铅球前、后抛,不同重量的壶铃模仿练习(模仿铅球技术),双臂和单臂坐推练习,为提高掷标枪和掷铁饼专门力量、改善用力顺序所采用的双臂和单臂持杠铃片绕环练习、转体、头后拉,以及模仿掷铁饼挥臂、旋转、扩胸等;作用于跑、跳跃项目技术和专门能力的负沙衣沙袋摆动,股四头肌、大腿后群肌肉力量的收缩和对抗性练习;作用于撑竿跳高技术和专门能力的负重引体、摆体以及体操器械门类的单杠、双杠、跳箱、吊环上所完成的辅助练习,肋木悬垂举腿和腰、腹练习;等等。

在全能专项力量训练中,可在训练中多进行表2-3中各项目训练的一些方法和训练手段,将专项力量训练与专项技术结合起来进行。

表2-3　各项目常用的专项力量的训练手段

项目	专项力量的训练手段
短跑	立定多级跳、蛙跳、100~200米跨跳、跳深、连续跳栏架、跳台阶、负重原地摆臂、300~500米弹性跳等
跳远	负重提踵、负杠铃原地跳、负重弓箭步走、跳越栏架、跳深、助跑摸高等
铅球	原地推重铅球(重8~10公斤),持壶铃(重15公斤)做滑步、前抛、后抛铅球或实心球等
跳高	半蹲跳、快速半蹲起并提踵、弓箭步走、跳深、跳起后用手、脚、头触高物等
110米栏	小腿负沙袋或绑橡皮条(一端固定)做提拉起跨和摆动腿攻栏、小腿负重连续走步过栏、负重跳栏、跳台阶等
铁饼	原地或旋转掷加重的铁饼或其他器械、重于比赛铁饼的杠铃片、小铁球或铁棒等
撑竿跳高	肩负沙袋弹性跳、后蹬跑、高抬膝跑、负杠铃提踵、前后交叉跑、弓箭步走、半蹲跳、跳栏、跳台阶等
标枪	投加重标枪、对网投小铁球、单、双手原地、上步从头后向前投掷实心球、轻铅球或其他器械等

按三项投掷技术要求采用不同重量的器械专门投,是提高全能运动员投掷专项能力的主要练习。投掷重器械是为了增加肌肉专项力量,加强肌肉用力过程的本体感觉。投掷轻器械是为了提高器械出手的速度。一般情况下,

推铅球等超重器械投掷的练习重量不要超过标准重量的 0.25 倍，掷标枪等超重器械投掷的练习重量不要超过标准重量的 0.5 倍。而且在训练中更应该注意轻器械的投掷，用以保证全能运动员在投掷项目比赛中有更好的出手速度。投掷轻重器械的比例应根据运动员的特点安排，力量好的运动员应加大投掷轻器械的比例，力量稍差的运动员应适当增加投掷重器械的比例，使运动员在技术练习的同时增加必备的专项力量，在专项力量练习的同时逐步提高投掷专项技术。

第四类，核心力量（躯干、腰、髋部位等身体核心区域肌群的力量）。核心力量对全能运动员控制基本技术动作，平衡协调掌握各项技术有着重要的作用。核心力量的训练方法常以运动量不大，方法手段较为实用的弹力带、悬吊绳、泡沫轴、滑动器、平衡球等小型器械练习为主，按照身体不同部位的要求进行各种平衡、稳定、晃动、控制动作练习。如果运动员的身体稳定、平衡能力差，在此基础上建立的技术用力动作就不可能取得较好的用力效果，身体良好的用力动力链就无法形成，也就是常说的"根基不牢，何谈用力？"。核心力量训练就是为了打好这个基础。

（二）弹跳力训练

弹跳力训练是田径运动员常用的一种力量练习方法。如果全能运动员的弹跳力训练安排合理科学，就可以起到事半功倍的训练效果。弹跳力训练一般特指跳跃项目技术之外的跳跃练习，包括以次数或级数计量和以完成的距离计量两种。

衡量弹跳力的指标包括向上跳——量高度和向前跳——量距离两种。常用的练习有立定跳远、立定三级跳、五级跳、十级跳和带助跑的三级、五级、十级、蛙跳、跳深（由高处落下再跳上高处）、提或单腿跳栏架（单栏和多栏架次）、原地和助跑单腿和双腿起跳触高等。从目前的研究来看，立定跳、蛙跳以及双腿原地蹲跳的一些力量练习不如用助跑几步后接单腿的连续跳跃练习效果好，后者接近腿部肌肉用力的实际情况，属于专项跳跃练习类，前者则属于一般腿部基础力量练习类。

"多级跳"包括 30～100 米跨步跳、换腿跳、垫步跳、单腿跳、单腿跳加跨跳交替的综合性跳。这种练习本身有它们的技术要求，训练过程中要科学搭配和组合，并且可以和全能运动中的跳跃项目起跳技术结合起来采用，既可以发展弹跳力，改善下肢支撑运动器官功能，又可以改善跳跃项目的起跳技术，属于综合性多功能练习手段。

全能运动员的一般弹跳力和专项弹跳力应该达到单项跳跃、短跑运动员的水平。我国男子十项优秀选手立定跳远应达到 3.10～3.20 米，立定三级跳远达到9.60~10.20米；女子七项运动员应分别达到2.70~2.90米和8.40~8.70米。

由于跳高、跳远项目都是在较高的速度下完成起跳的，在训练中更应结合实际比赛情况安排跳跃练习，如助跑4~6步的单足级跳或跨步级跳、助跑5~6步单腿跳栏架等，以使跳跃训练在一定的速度和冲量下提高腿部支撑力量。

（三）柔韧性训练

关节的灵活性，肌肉、肌腱的弹性、延展性在运动实践中称为柔韧性。它是全能运动员完成大度动作、协调放松技术的基础，同时也是防止受伤、减少肌肉拉伤的基础。柔韧性素质是各项素质中最容易退化的素质，因此，全能运动员的柔韧性训练要常年坚持，不能间断。运动员可以借鉴跨栏、标枪运动员的柔韧练习手段，也可以借鉴武术、体操运动员的一些柔韧性练习手段来丰富自身的柔韧性训练。

（四）灵活性和协调性训练

灵活性和协调性是全能运动必不可少的重要素质。

灵活性是运动员掌握技术、应付外界环境复杂变化的应变能力，如复杂的撑竿跳高技术中弯竿起跳突然断竿等事件发生时，防止意外伤害，实现运动员自我保护的能力。通过垫上运动、技巧练习、滚翻、空翻、手翻、跳箱练习、体操单双杠的练习、跨栏、跳高、跳远、投掷的旋转等，都可以提高这种能力。撑竿跳高本身就是极好的灵活性练习。足球、篮球、排球、滑冰、跳水、游泳、跳舞等练习都可以改善灵活性。

灵活性、协调性和柔韧性相伴，不仅能发挥人体神经肌肉系统的共济作用，而且能起到技能迁移的作用，在整个教学和训练过程中，对每一项技术的学习、掌握、改进和熟练都起到直接、积极的作用。虽然灵活性和协调性没有量化的具体数字表述，但所有的动作、练习和技术都可以体现一个运动员的协调性和灵活性发展水平。教练员应每时每刻观察运动员的这些素质水平，要求运动员提高这些素质。

八、全能运动员的技术训练要有自身特点

由于运动员训练的总时间有限，全能运动员不可能像单项运动员那样在一个项目的技术练习上花费太多的时间，所以教练员在全能项目的技术训练中必须认识到"跑的技术是基础，跨栏、跳跃技术是重点，投掷速度力量是保证"这样一个总体方针，要清楚地认识到各项技术的学习和掌握是互相促进、互相帮助的。教练员要懂得利用这些项目之间的关系，合理安排训练，争取在训练中达到事半功倍的技术训练效果。

跑的正确技术形成后，加之一定耐力跑和速度耐力跑的训练，将使全能运动员在1 500米或800米跑的耐力项目中受益。一项跳跃或投掷的正确技术形成后，要注意将这项技术合理的部分迁移到其他跳跃项目或者投掷项目的技术掌握上。

善于从单项训练队中获取好的经验，直接向单项教练员或优秀运动员学习技术，在单项教练员的指导下尽快掌握单项技术是全能运动员技术训练经常采用的方法。由于全能教练员负责指导的项目较多，对某门单项技术的研究远不如单项教练员透彻。因此，全能运动员到其他单项运动队获取好经验、好方法的形式可以弥补全能教练员在某些技术认识上的不足。虚心向各个单项运动员、教练员学习技术，是全能技术训练最重要的一项任务，这使运动员能获得更多优秀教练员的指导，对运动员的运动技术有极大的帮助。

第四节　全能运动训练中的伤病预防与紧急处理

全能运动需要运动员掌握多门单项技术，并且在单项技术上还要尽量达到最好的水平。全能训练、比赛时间长，量和强度对运动员的身体适应提出更高要求，因此，全能运动员的训练与比赛也相对比较艰苦，在训练和比赛中不可避免地出现受伤情况。日常训练及比赛过程中，肌肉韧带损伤所占比例最大，关节伤和骨伤及其他损伤其次。下肢损伤比例最高；踝、膝及大腿后侧损伤最常见；上肢损伤相对较少，主要是肩、肘关节损伤；最少的是躯干损伤。它的发生与运动训练安排、运动项目与技术动作、运动训练水平、运动环境与器械等因素相关。

在训练与比赛中，教练员与运动员要以预防为主、从点滴做起，出现伤病后要积极治疗、练治结合。教练员和运动员应与医生密切配合，做好运动损伤预防工作。

一、伤病原因及预防

（一）运动损伤的原因

造成运动员伤病的原因较多，按照国内外有关运动损伤的研究，将影响运动损伤的因素分为三个方面：客观因素、生理因素和心理因素。

1. 客观因素

（1）缺乏运动损伤的预防常识。运动损伤的发生通常是由于教练员或运动员没有充分认识到预防运动损伤的重要性，在运动训练或比赛中没有积极采取各种有效的预防措施,而且运动损伤发生后不仅没有认真分析原因,也没有及时总结规律,吸取相应的教训。

(2)不合理的准备活动。为了使中枢神经系统的兴奋性和各器官系统的功能性得到提高,并使人体从相对静止状态逐渐向运动状态过渡,运动前应做相应的科学准备活动。

实践证明,运动损伤发生的一个重要原因就是运动前没有进行准备活动或准备活动不合理。通常而言,在准备活动方面存在以下问题。

其一,不做准备活动或准备活动不充分,在没有充分动员身体相关系统的情况下就进行高强度的运动,此时身体的协调性不足,肌肉的弹性和伸展性较差,关节的灵活性也不能满足运动的需要,就容易导致运动损伤。

其二,缺乏专项准备活动。准备活动的内容没能很好地衔接正式运动的内容,尤其是没有充分改善运动中负担较重的部位,或者有运动损伤部位的功能还没有恢复。

其三,没有合理安排准备活动的强度和负荷量。一开始进行准备活动时,用力过度或速度过快都会违反循序渐进的原则和功能活动的规律,容易造成肌肉拉伤或关节扭伤。另外,当身体已经有疲劳的状态出现时,身体的功能水平会降低,这时进行高难度的动作会很容易导致运动损伤的发生。

其四,准备活动距离正式运动或比赛的时间较长。两者的间隔时间较长会逐渐削弱准备活动所产生的生理作用,从而丧失其应有的生理价值。

(3)错误的技术动作。如果运动不符合人体解剖结构的生理特征,违背生物力学原理,则很容易导致运动损伤的发生。除了初学者在学习新动作时容易因动作错误而受到损伤外,掌握熟练动作的运动员也容易因疲劳或注意力不集中而受伤。

(4)过大的运动量。在对运动负荷进行安排时,没有对运动者的解剖生理特征予以考虑,运动量安排过大,特别是局部负担量较大,这通常是专项训练中发生慢性损伤的原因所在。在全能训练中,也会由于进行某个单项训练造成局部负荷过重而发生运动损伤。

2. 生理因素

(1)运动员不良的生理功能。运动员睡眠或休息不好,患病、受伤、伤病初愈阶段或疲劳时,肌肉力量、动作的准确性和身体的协调性等会明显较低,警觉性和注意力也会降低,往往会出现反应较迟钝的现象等。在上述情况下参加剧烈运动或练习较难的动作,就可能发生损伤。

(2)人体局部生理特点不适应专项技术、战术的特殊要求。教学训练安排不当、局部负荷过大等原因,会导致局部生理特征不符合专项技术的特殊要求，从而容易发生运动损伤。

3. 心理因素

心理状态与运动损伤的发生紧密相关。运动时心情不畅、情绪低落、缺乏训练和比赛时的积极性、注意力不集中等也可能造成动作异常，从而导致运动损伤的发生。此外，训练知识和经验的缺乏、对危险性运动盲目参与等也容易导致运动损伤的发生。

实践表明，心理因素还包括风险认知、风险承担、运动能力判断和运动损伤经历等。因为运动员对运动项目中的潜在危险和客观风险存在不同的认知，所以很容易发生运动损伤。其中，"运动能力高估"与运动损伤呈正相关，低水平的"风险认知"和"运动能力判断"是导致运动损伤发生的重要心理因素。与男性相比，女性的风险认知力要相对较高，并且风险承担行为也比较少，较容易受过去运动损伤经历的影响。

因此，只有正确认识运动损伤的原因，才能在体育运动中有效地加以预防，尽量回避上述可能导致运动损伤发生的因素，并且还要有计划地使某些部位的功能得以充分发展，最终有效避免运动损伤的发生。

(二) 运动损伤的预防方法

1. 加强安全教育

为减少不必要运动损伤的发生，平时应该加强运动损伤预防观念教育，在全能运动训练或比赛中，要贯彻以预防为主的方针，提高安全意识和观念，培养良好的体育精神。

青少年缺乏运动经验，并且具有较强的好胜心，盲目参与力不能及的运动很容易导致运动损伤的发生。在体育运动中，相对于男运动员，女运动员更谨慎，容易有畏惧等情绪，所以往往在做动作时比较恐惧、紧张，也很容易出现运动损伤。在预防工作中应该重视上述情况。

2. 认真做好准备活动

运动员在正式运动或比赛之前，应该做好充分的准备活动，提高中枢神经系统的兴奋性和克服自主神经的惰性是进行准备活动的关键。通过活动全身各关节和肌肉，加速全身的血液循环，使肌肉组织获得充足的血液供应，从而使肌肉力量和弹性得到增强，并使技术动作的条件反射得到恢复，更好地为正式运动做准备。

一般而言，准备活动应遵循以下几项要求：

（1）做好充分的准备活动，使身体明显发热，并微微出汗。

（2）进行有针对性的专项准备活动，从而建立与正式活动的有机联系。

（3）按照正式活动的内容、个体身体机能以及气象条件等因素安排准备活动的内容与负荷。

（4）为使易伤部位的准备活动得到加强，有必要增加局部活动的比例。

（5）在损伤恢复过程中，应该慎重进行损伤部位的准备活动，不仅动作要轻柔，而且幅度、力度、速度都要掌握分寸。

（6）在体育运动中，当间歇时间较长时，在进行正式运动前应该再做一次准备活动。

（7）准备活动结束和正式活动之间的时间间隔一般为1~4分钟。

（8）在准备活动中进行适当的肌肉力量练习，可以在一定程度上提高肌肉温度和改善肌肉功能。另外，在准备活动中增加一些肌肉伸展练习可以帮助预防肌肉拉伤。

其实，不仅要做好准备活动，而且要注意运动后的放松练习。其中，肌肉的拉伸练习不仅能够使局部肌肉得到放松，还能有效防止肌肉的僵硬与劳损。对负荷较大的局部组织，运动后可适当采用冷疗的方法，使其快速降温，从而能够有效预防慢性损伤的发生。

3. 合理安排运动负荷

运动负荷安排不足，不能出现生理性"超量恢复"，也就不能提高人体的运动能力。过大的、超过人体承受能力的运动负荷安排，不仅会加重运动系统的局部负荷，而且会造成中枢神经系统疲劳，降低全身的机能和协调能力，并且减弱人体的注意力、警觉反应能力，这时最容易发生运动损伤。如果局部长时间承受较大的运动负荷，将会导致一些慢性损伤的出现。为了有效避免运动损伤的发生，教练员和运动员都应严格遵守体育运动的基本原则，按照年龄、性别、健康状况、训练水平和运动项目的特点，合理安排运动负荷。

合理安排青少年运动员和女性运动员的运动负荷。青少年的专项训练不应过早进行，同时也不应使之参与过多的体育比赛。合理安排运动负荷，不仅能够有效预防运动损伤的发生，而且能在一定程度上提高运动员的运动成绩。

4. 正确掌握技术动作

错误的技术动作对运动损伤的出现会产生直接影响。错误动作的反复出现，不仅不会提高运动成绩，反而会导致局部负荷过度，从而诱发运动损伤。所以，在动作的形成阶段，应该注意不断对动作的节奏和结构加以调整，从而有效避免运动损伤的发生。

5. 加强易伤部位的练习

按照运动项目的技术、战术特点，加强对易伤部位和薄弱部位的练习，使其机能得到提高，这也是预防运动损伤的一项积极措施。

除此之外，还要加强对陈旧损伤部位的功能练习，维持适当的生理功能，从而有效避免重复性损伤的发生。

6. 合理安排训练和比赛

教练员要充分了解训练中的重点和难点，要事先采取相应的预防措施来处理训练中可能发生的情况，采取循序渐进和个别对待的原则。除此之外，应该从简单到困难，从简单到复杂，循序渐进地引导运动员学习技术动作。

7. 加强运动中的保护和帮助

在进行一些容易造成伤害的运动时，特别是在学习新的技术动作时，应该根据运动内容和运动员的情况采取合理的保护措施，并进行相关的救助。此外，教练员还应及时传授给运动员正确的自我保护方法。

运动护具和保护带的合理使用能够在一定程度上减少运动损伤的发生，在大力量训练中显得尤为重要。护具的选择一定要符合专项特点，在使用一段时间后及时淘汰和更新，使之在使用中能够达到最佳的防护效果。

8. 加强医务监督

应该定期检查运动员的体质情况，参加重大比赛前后，要进行身体的调整修复，并定期检查，以观察运动训练、比赛前后的身体机能变化。体检不合格者不能参加比赛；伤病初愈者参加体育活动或训练时，应取得医生的同意，并做好自我监督。一般来说，医务监督包括以下两项内容：

（1）一般内容。每天记录自己的脉搏和感觉，每周还要测量一次体重。如果晨脉日益增加，自我感觉不良，运动成绩下降，增加机能试验时脉搏的恢复时间变长，则很可能说明身体机能不佳，应及时去医院诊断。女性在月经期间不仅要遵守体育卫生要求，还要有相应的监护工作。

（2）重点内容。要了解不同项目的特点，遵循运动创伤的发生规律，尤其注意对运动系统的局部反应加以观察，一旦出现不良反应，应及时就医，这时不应该增加运动量，更不应该练习具有高难度的动作。除此之外，还要经常检查运动场地、器械、设备以及个人运动鞋和防护用具等。

（三）运动损伤分类

1. 按受伤组织结构分

按受伤组织结构的不同，运动损伤可分为皮肤损伤、肌肉与肌腱损伤、筋膜损伤、滑囊损伤、关节损伤、骨损伤、神经损伤以及血管和内脏器官损伤等。

2. 按损伤后皮肤或黏膜完整性分

（1）开放性损伤。发生开放性损伤时，皮肤或黏膜的完整性遭到破坏，损伤组织有创口和外出血，易引起污染和感染，如擦伤、刺伤、裂伤及开放性骨折等。

（2）闭合性损伤。发生闭合性损伤时，伤处皮肤或黏膜完整，无伤口及外界相通，如挫伤、闭合性骨折或关节脱位等。

3. 按伤情轻重分

（1）轻伤。发生轻伤后，能按原计划进行训练。

（2）中等伤。发生中等伤后，不能按原计划训练，需停止患部的练习或减少患部的活动。

（3）重伤。发生重伤后，完全不能训练。

4. 按损伤病程分

（1）急性损伤。这是指瞬间遭受直接或间接暴力造成的损伤。

（2）慢性损伤。这是指局部过度负荷、多次微细损伤积累而成的劳损，或由急性损伤处理不当转化而来的陈旧性损伤。

（四）田径运动损伤发生的特点和程度

1. 损伤发生的部位

（1）跑类。跑类损伤以下肢与躯干伤为主，根据对跑类运动损伤 8 000 例以上的分析，40%为膝关节损伤，足和踝关节损伤占 10%，跟腱损伤、髋关节、臀部等损伤约占 15%，腰背痛占 5%。

（2）跳类。跳类损伤出现频率最高的是髌骨软骨损伤，此外还有腰部肌肉拉伤、腰椎损伤，甚至椎弓崩裂和腰椎滑脱。

（3）投掷类。投掷类损伤以肘、肩、躯干、膝损伤为多见。

2. 损伤的特点

田径运动损伤绝大部分属于软组织损伤，主要涉及的软组织为肌肉、筋膜、肌腱、关节囊、韧带等。其次是软骨损伤。骨组织与内脏器官损伤比较少。

3. 损伤的程度

田径运动损伤大多是轻度与中度损伤，以慢性或劳损性损伤最常见，多数运动员可坚持训练和比赛。

（五）田径运动损伤发生的基本原因

第一，缺乏必要的预防运动损伤知识。

第二，训练水平不够。

第三，教学训练和比赛安排不当。

第四，运动参加者的生理、心理状态不良。

第五，场地、器材、护具、服装不符合卫生要求。

第六，气象因素。

（六）田径运动损伤的预防原则

第一，加强预防运动损伤教育。

第二，加强身体全面训练。

第三，合理安排教学、训练和比赛。

第四，加强运动中的保护。

第五，加强医务监督工作。

二、急性运动损伤的紧急处理

（一）休克现场初步处理

休克是人体遭受各种强烈有害因素而发生的一种急性循环功能不全综合征。

1. 休克的原理

体育运动中常由严重损伤、出血、剧烈疼痛或精神刺激等因素而引起休克。此外，在田径运动中，运动员疾跑后突然停止跑动会引起一时性意识丧失，一般称为重力性休克。休克发病的原理是微循环内血液灌流障碍导致有效血循环量不足，全身组织、器官缺血、缺氧，出现功能障碍。

2. 征象

休克的征象为面色苍白、四肢发凉、冒冷汗。患者早期可能兴奋不安，继而精神萎靡、表情淡漠、反应迟钝、意识模糊、全身软弱无力、呼吸浅速、脉搏快弱、尿量减少、血压下降等，严重者可发生昏迷。

3. 急救

一旦发现有人休克，速将患者平卧，让其安静休息。注意保暖但不能过热，松解患者衣领和裤带，使其保持呼吸道畅通。对昏迷患者，应将其头侧偏，并将其舌头牵出口外，必要时可给氧或人工呼吸。可用重手法点掐患者人中、涌泉等穴位或让患者闻嗅氨水。如患者神志清醒又无消化道损害，可酌情饮用适量温热饮料、适量葡萄糖盐水等。对重力休克患者，可采取头低脚高仰卧位，自小腿向大腿方向按摩，有出血的应及时止血，有剧烈疼痛的应服用镇痛药和镇静药。总之，根据现场条件，针对病因进行必要的初步处理，同时速请医生或拨打120送医院进一步诊治。

（二）出血与止血

血液从破损的血管流出称为出血。

1. 出血的分类

（1）根据受伤血管的不同，有动脉出血、静脉出血和毛细血管出血。

（2）根据出血的流向，可分为外出血和内出血。

2. 止血法

止血法包括抬高伤肢法、加压包扎法、加垫屈肢止血法、间接指压法和止血带止血法。

(三) 常用包扎法

常用包扎法有卷带包扎法和三角巾包扎法。其中，卷带包扎法包括环形包扎法、螺旋形包扎法、转折形包扎法和"8"字形包扎法。

(四) 关节脱位

关节脱位是指关节面失去正常的连接关系，也称脱臼。全能运动中发生的关节脱位一般由间接外力所致，如跑步不慎摔倒时手撑地可引起肘关节脱位或肩关节脱位。

1. 征象与诊断

关节脱位发生后，脱位关节局部会有疼痛、压痛和肿胀；关节完全不能活动；出现肢体的轴线、长度改变或畸形（如肩关节前脱位时的"方肩"畸形），肘关节后脱位时伤侧的前臂明显缩短；关节头在异常位置，通过X线检查可明确脱位情况及有无骨折发生。

2. 急救

关节脱位发生后，应用夹板、书、铅笔盒、绷带、毛巾或布带等临时固定伤肢，让伤员保持安静，尽快送医院处理。在损伤现场，没有关节脱位整复经验者不可随意进行整复，以免加重损伤。

肩关节脱位的临时固定方法是：准备两条长毛巾或布带，一条兜住伤肢前臂并挂在颈部，另一条将伤肢固定于胸壁，在健肢腋下缚结。

肘关节脱位时，如果没有夹板，可用铁丝弯成合适角度的夹板，置于肘后，用绷带缠稳，再用小悬臂带挂起前臂。如无铁丝夹板，可直接用大悬臂带包扎固定。

(五) 骨折

骨折发生时，骨的完整性将遭到破坏。它可能由局部直接受到暴力作用引起，也可能因肌肉收缩力量过大或骨质受到长期的应力作用而导致，如在投掷运动中所见的肱骨投掷骨折，或长距离跑引起的疲劳性骨折等。

1. 征象与诊断

发生骨折时，局部有剧烈疼痛、肿胀及皮下淤血，局部组织功能丧失，发生完全性骨折时，局部可出现类似关节的活动（假关节活动），移动时可产生骨摩擦音，骨折断端可发生移位，与健侧相比有成角、旋转或变短等畸形。可用沿着骨长轴的方向，在长骨的两端轻轻叩击的方法进行检验。如果局部有压痛，纵向叩击也出现疼痛，这说明有骨折发生，可以拍X片及CT检查来确诊。

2. 骨折的临时固定

骨折临时固定的目的是限制骨折断端的活动，避免断端损伤周围血管、神经和其他组织，减轻伤员的疼痛，便于转送医院。因此，在临时固定时要注意以下几个方面：

（1）固定前不要随便移动伤肢。为了暴露伤口，可剪开衣服、鞋袜，不要硬脱，以免因不必要的移动而增加伤员痛苦和伤情。

（2）对伴有出血和伤口者，固定前先止血，包扎伤口；对伴有休克者，应先抗休克。

（3）板体之间要有垫衬物，空隙地方要填紧；夹板的长度和宽度要合适，长度须超过骨折部的上、下两个关节。

（4）露出伤口的骨片不要放回伤口内，以免感染带入深部，也不可任意去除。

（5）四肢固定要露出指端以便观察。伤者出现肢端麻木、疼痛、发冷、脸色苍白或紫红等情况，均表示固定过紧，肢体血循环不畅，须立即松开，重新固定。

各部位骨折临时固定法包括锁骨骨折固定法、肱骨骨折固定法、前臂骨折固定法、手部骨折固定法、股骨骨折固定法、髌骨骨折固定法、足部骨折固定法和小腿骨折固定法。此外，还有胸腰椎骨折卧式和颈椎骨折搬运法。

（六）人工呼吸与胸外心脏按压

1. 人工呼吸

人工呼吸是指借人工方法来维持机体的气体交换，以改善缺氧状态，排出二氧化碳，为自主呼吸的恢复创造条件。

2. 胸外心脏按压

胸外心脏按压是指通过按压胸骨下端而间接地压迫左右心室腔，使血液流入主动脉和肺动脉，建立有效的大小循环，为心脏自主节律的恢复创造条件。

三、常见运动性伤病的基本特点及处理方法

（一）擦伤与刺伤

机体表面与粗糙的物体相互摩擦可引起皮肤层损害，如跑步摔倒在跑道上，长距离跑、走时因运动服装材质特殊而导致的摩擦伤等，主要征象为表皮剥脱，有小出血点和组织液渗出；伤口无感染则易干燥结痂，伤口有感染则局部可能化脓，并伴有分泌物。

刺伤是指尖细锐物刺穿皮肤及皮下组织器官的损伤，如被钉鞋踩伤，主要征象为伤口小而深。

现场处理方法为：对于伤口较脏的擦伤，可以先用自来水冲洗伤口，清除异物及坏死组织，然后消毒杀菌、包扎伤口，也可以先用极薄的塑膜覆盖创面，用冷镇痛气雾剂喷洒2~3秒，重复2次以止痛和防止渗出肿胀，然后用0.9%生理盐水冲洗伤口，周围用75%的酒精消毒，再用绷带包扎固定。

训练或比赛结束后，擦伤者要口服或注射抗菌药物以预防感染。要认真清洗创面，先用0.1%的PP溶液（高锰酸钾水溶液）或双氧水、生理盐水、凉开水清洗创面，除去异物，剪去失活皮肤，再用2.5%的碘酒和75%的酒精在伤口周围消毒；污染不重的用1%~2%的红药水或紫药水涂抹即可，无须包扎；污染较重者用1%的雷弗奴尔纱布覆盖伤口再用绷带包扎。关节部擦伤一般需要包扎治疗，但注意不要涂紫药水，因为紫药水收敛作用较强，易使伤口结的痂大而硬，关节活动时易使痂断裂、剥脱，不利于伤口的愈合。面部擦伤不宜涂红药水或紫药水，而宜涂抹0.1%的新洁尔灭溶液。

刺伤的伤口如果较深、较小、较脏，应到医院注射破伤风抗毒血清，预防破伤风。

（二）肌肉拉伤

肌肉主动强烈收缩或被动过度拉长所造成的肌肉微细损伤、肌肉部分撕裂或完全断裂，称为肌肉拉伤。

1. 原因和原理

全能项目运动中，准备活动不当，训练水平不够，肌肉弹性、力量差，身体疲劳，动作准确性、协调性因肌肉力量下降而降低，错误的技术动作，场地或器械的质量不良，气温过低等都可能引起肌肉拉伤。

肌肉拉伤有主动拉伤和被动拉伤两种。主动拉伤是指肌肉主动猛烈地收缩，超过了肌肉本身的负担能力而引起的肌肉拉伤。被动拉伤是指肌肉突然被动过度拉长，超过了它的伸展性而引起的肌肉拉伤。

2. 征象与诊断

肌肉拉伤后，局部表现为疼痛、压痛、肿胀紧张、发硬、功能障碍。当受伤肌肉主动收缩或被动拉长时疼痛加重。肌肉收缩抗阻力试验结果为阳性，局部有凹陷及一端异常隆起者，则为肌肉断裂。

3. 处理

肌肉轻度拉伤后，首先应冷敷加压包扎，30分钟后除去冷敷，改用海绵或棉花加压包扎，减少伤肢的活动，抬高伤肢。24小时以后，解除固定，开始理疗、按摩及轻微活动，注意，此时按摩应在伤部的周围，48小时以后再逐渐在伤处进行按摩。72 小时以后视情况可以开始恢复适量活动。怀疑有肌肉、肌腱完全断裂者，应在局部加压包扎、固定后赴医院确诊。

（三）关节扭伤（以踝关节扭伤为例）

关节扭伤是指韧带受暴力作用引起过度牵伸所致不同程度的韧带纤维或其附着处断裂。在全能运动中，踝关节扭伤发生率较高。

1. 原因和原理

全能运动中踝关节扭伤多发生在因某种原因使身体失去重心并向一侧倾斜，或跳起落地时踝关节不稳造成足外侧、足背先落地，或场地不平、陷入坑内等情况下。

踝外侧副韧带最易受伤。这是因为外踝比内踝长，距骨体前宽后窄，当足跖屈时，踝关节有较大的活动度，足的内翻肌群的力量大于足的外翻肌群。跑、跳练习中，运动员处于腾空阶段时，足就自然有跖屈内翻的倾向。因此，当运动中重心不稳，就会以足的前外侧着地、内翻，而使踝外侧韧带（距腓前韧带、跟腓韧带）损伤。外踝扭伤占踝关节扭伤的 80%，严重的踝关节损伤往往包括韧带断裂、踝部骨折或脱位。

2. 征象与诊断

踝外侧副韧带扭伤者有足内翻受伤史，患足不敢持重，足踝外侧肿胀、压痛。踝关节强迫内翻试验可使疼痛加重，踝关节稳定而无异常活动。

踝外侧韧带完全撕裂者，外踝部剧痛，肿胀严重，外踝和足背出现皮下淤血。踝关节强迫内翻试验时伤处剧痛，同时踝关节不稳，距骨有异常活动。在做踝关节前抽屉试验时，如果活动范围大，说明踝外侧副韧带完全断裂。

3. 处理

伤后，应当立即用拇指指腹压迫痛点止血，然后用湿冷的弹力绷带固定受伤的踝关节于放松的位置（如外侧副韧带损伤，则将踝关节固定在外翻位），并在伤处外敷冰袋或用其他方法冷敷。3~5 分钟后可取下绷带进一步检查。如怀疑有韧带断裂等严重损伤，则应立即用大块棉花垫或其他软物品压迫和加压包扎及冷敷，抬高伤肢，同时送医院进一步处理。一般损伤患者则可外敷外伤药，24~48 小时后进行理疗、按摩等。

（四）疲劳性骨膜炎与疲劳性骨折

全能运动中经常发生下肢胫骨、腓骨或跖骨疲劳性骨膜炎。疲劳性骨膜炎有可能发展成病理性骨折，亦称为疲劳性骨折或应力性骨折。

1. 原因和原理

训练方法不当，跑跳练习过于集中，跑跳动作不正确，落地时不会缓冲或场地过硬，使小腿屈肌群过度疲劳或使小腿受到较大的反作用力，就会发生胫骨、腓骨或跖骨疲劳性骨膜炎与骨折。

多数学者认为，疲劳性骨膜炎的发生是由于肌肉附着部的骨膜受到超过限度的牵拉，使该部骨与骨膜发生病理性改变。

有的学者认为，在跑跳或蹬地时，身体的重力与支撑面的反作用力与应力集中在骨弯曲部的凸面，如胫骨前面，由于作用力与反作用力的反复作用，凸面发生应力性损伤。

2. 征象与诊断

以胫腓骨骨折为例：轻者在训练后胫腓骨疼痛，大运动量训练时疼痛加剧；重者行走或不运动亦感疼痛。疼痛性质多为隐痛、刺痛或烧灼痛，以及骨折时的锐痛。骨面部有压痛，局部有肿胀，有后蹬痛是此病的重要特征。经 X 线检查会发现早期无明显改变，一般疼痛两三周方可出现骨膜反应或骨折线。

3. 处理

早期或症状轻者，局部可用弹性绷带包扎，适当减少局部负荷。伤者可以继续从事运动，随着负荷能力的提高，两三周后症状可自行消失。

症状严重的患者可用石膏托或夹板局部制动，直至 X 线或 CT 检查结果为骨质愈合或骨膜反应消失。热醋和硫酸镁溶液浸泡，药渣局部热敷，都有很好的效果。电疗、超声波、超短波、红外线、磁场疗法等能较好地缓解症状，配合按摩治疗效果更好。

（五）过度紧张

过度紧张是由于一时性运动负荷过大或过于剧烈，超过了机体负担能力而发生的急性病理现象或生理紊乱，多在运动后立即出现，或训练、比赛后不久出现。训练水平低，经验较少的新手易发生过度紧张，有时也发生在精神受刺激后的高水平运动员身上，也可发生在伤病中断较长时间后突然或过快参加剧烈训练或比赛的运动员身上。

1. 类型

过度紧张的表现是多种多样的，根据临床表现可分成下列不同的类型：

（1）单纯虚脱型。这一类型的过度紧张较多见，多发生在短跑和中长跑运动员身上。在剧烈训练，尤其是比赛后，患者会出现头晕、面色苍白、恶心、呕吐、大汗淋漓等现象。轻者卧位休息片刻会逐渐好转，重者需卧床休息 1~2 天才能缓解。

处理方法主要是立即卧位休息、保暖，可饮用热水或咖啡。较重者可吸氧、静脉注射葡萄糖等。

（2）昏厥型。具体表现为在运动中或运动后突然出现暂时性的神智丧失，清醒后全身无力、头痛、头晕，可伴有心、肺、脑功能降低的现象。径赛运动员，尤其是短跑、中长跑运动员突然中止运动时，血管失去了肌肉的收缩对其节律性的挤压作用，再加上血液本身的重力，致使大量血液淤滞在下肢，回心血量减少，会因脑贫血而引起重力性休克。大重量挺举时，胸腔及肺内压突然增高，使回心血量减少，造成脑供血不足，也会发生昏厥。有时在强烈的精神刺激下会使中枢调节机制发生一时性障碍，引起昏厥。

处理方法是让患者立即平卧休息或头稍低，迅速做初步检查（脉搏、血压、体温等）。用热毛巾擦脸，做下肢向心性按摩，嗅以氧水或点掐、针刺人中、百会、涌泉等穴。较重者吸氧、静脉注射葡萄糖，同时迅速送医院进一步处理。

（3）急性胃肠道综合征。具体表现为剧烈运动后发生恶心、呕吐、头痛、头晕、面色苍白等症状，1~4小时后会逐渐缓解。有些运动员在运动后有呕吐现象，若化验潜血呈阳性，则表示有上部胃肠道出血。

处理方法是暂停专项训练，休息观察。上部胃肠道出血者可服止血药物，吃流食、半流食或软食。一般一两周可恢复训练。若反复出血，则应到医院查明原因后治疗。

（4）急性心功能不全和心肌损伤。具体表现为剧烈运动后出现呼吸困难、咳粉红色泡沫样痰、憋气、胸痛、心跳快或节律不齐、血压降低、心脏扩大等急性心功能不全现象或昏迷死亡。

处理方法是立即停止运动，平卧并采取吸氧等急救方法，同时送医院抢救。

除上述类型外，有的运动员在运动中或运动后即刻出现一侧肢体麻木、动作不灵活等现象，常伴有剧烈头痛、意识障碍等脑血管痉挛型征象。

2. 预防

做好运动员的身体检查，尤其是在集训或比赛前进行全面深入的体格检查，以排除各种潜在性疾病。要遵守循序渐进的训练原则。要加强训练时的医学观察，尤其对新运动员，要注意他们在训练时的反应，及时调整运动量。

（六）运动中腹痛

腹痛是田径运动中较常见的一种症状。运动中的腹痛常伴有恶心、腹泻或便秘等症状。

1. 原因和原理

运动性腹痛的发生往往与下列因素有关：训练水平低、准备活动不充分、身体情况不佳、膳食制度不合理、运动速度和强度加得过快或太突然等。

导致运动性腹痛的发病原因有以下几种情况：由于准备活动不充分，开始运动时速度过快或强度过大，以致心脏搏动不充分和无力，影响心腔内血液排空和静脉血回流心脏，使下腔静脉压力上升，肝脾静脉回流受阻而郁血，使被膜上神经受牵扯而产生疼痛，疼痛部位在肝脾区；训练水平低、准备活动不充分、运动速度和强度增加太快，使心肺功能赶不上肌肉工作的需要，致呼吸肌活动紊乱、缺氧和痉挛，疼痛部位在季肋部和下胸部；膳食制度不合理，使胃肠道功能紊乱而缺血、缺氧和痉挛，以致胃壁、肠壁和肠系膜上神经受牵扯而产生疼痛，或运动前吃得过饱、空腹运动、饭后过早运动等，可引起胃部胀痛或痉挛，疼痛部位在剑突下的上腹部；运动前吃了易产气或难消化的食物（豆类、牛肉等），可引起肠蠕动增加或痉挛，疼痛部位大多在脐周围；宿便刺激，引起肠痉挛，疼痛部位在左下腹。

2. 征象

（1）运动性腹痛性质大多为钝痛、胀痛、牵扯痛或绞痛。

（2）疼痛程度与负荷量大小和运动强度成正比。

（3）运动性腹痛多见于全能运动员进行中长跑练习或比赛时。

（4）除腹痛症状外，一般不伴随其他特异性症状。个别运动员腹痛时有无力、胸闷、下肢发沉等症状。

3. 处理

运动中出现腹痛后，可适当减慢速度，调整呼吸与动作节奏，用手按压疼痛部位，或弯腰跑一段距离，一般疼痛即可减轻或消失。如果无效或疼痛反而加重，应停止运动，口服阵痛药物（颠茄、阿托品等），点掐或针刺足三里、内关、三阴交等穴位，腹部热敷等。如仍无效果，需请医生诊治。

4. 预防

对因腹内或腹外疾病所致的腹痛，应根据原发疾病进行有针对性的治疗，病未愈之前，需要在医生指导下进行体育活动。要加强全面身体训练，提高生理机能水平。遵守训练的科学原则，循序渐进增加运动负荷。要充分做好准备活动，注意运动中呼吸节律，合理分配速度。膳食安排要合理，饭后须经过一定时间（1.5 小时）以后才可进行剧烈运动；运动前不宜吃得过饱或过饥，也不要吃易产气、难消化的食物。

(七) 肌肉痉挛

肌肉痉挛俗称抽筋,是由于肌肉不自主地强直收缩所致。运动中最易发生痉挛的肌肉为小腿腓肠肌,其次是足底的屈拇肌和屈趾肌。

1. 原因和原理

(1) 寒冷刺激。在寒冷环境中运动时,若未做准备活动或准备活动做得不充分,肌肉受到寒冷刺激后兴奋性会增强,从而发生强直性收缩。

(2) 大量排汗。长时间的剧烈运动或高温季节运动时,由于大量排汗而丢失大量电解质,使肌肉兴奋性增高,可发生肌肉痉挛。

(3) 肌肉连续收缩过快。运动训练或比赛中肌肉过快地连续收缩,放松时间太短,以致收缩与放松不能协调地交替而引起肌肉痉挛。

(4) 疲劳。运动时身体疲劳会影响肌肉的正常生理功能,特别是在局部肌肉疲劳的情况下做一些突然紧张用力的动作,会使肌肉中出现大量代谢产物(乳酸),其对肌肉的收缩起作用易引起肌肉痉挛。

2. 征象

痉挛的肌肉僵硬,疼痛难忍,往往涉及相应的关节,会引起一定的功能障碍。

3. 处理

从相反的方向牵拉痉挛的肌肉,并维持一定的时间,一般可使之缓解。此外,还可配合局部按摩,即重力按压、揉捏和点掐委中、承山、涌泉等穴。处理时要注意保暖。

4. 预防

加强身体训练,提高机体的耐寒能力和耐久力。运动前必须认真做好准备活动。对容易抽筋的部位,事先应做适当按摩。冬季运动要注意保暖。夏季长时间运动时要注意补充盐分。疲劳时不宜进行剧烈运动。

(八) 运动员的高血压问题

凡是舒张压超过 12kPa (90mmHg),或收缩压大于 18.7kPa (140mmHg)者,均应认为患有高血压。运动员的高血压问题必须加以重视。

1. 原因和原理

(1) 过度训练或过度紧张所致的高血压。这些高血压与运动训练直接有关,一般收缩压和舒张压均升高,多数人血压比正常人偏高 1.3~2.7kPa (10~20mmHg)。

(2) 专项运动训练所致的高血压。这是指运动员从事力量性运动项目(投掷、举重等)或运动员在一段时期内力量练习较多而引起的高血压。其表现为收缩压和舒张压均升高,尤其是舒张压可高达 13.3~14.7kPa (100~

110mmHg）。投掷或举重练习时血压升高明显的原因可能与以下几方面有关：肌群参加多少；等长收缩，可引起压力反射；收缩肌肉的机械压迫；因憋气动作引起胸腔和肺内压力增高；等等。因此，有的学者强调高血压者不适宜进行投掷、举重等项目的训练和比赛。

上述两类是引起运动员高血压的主要原因。此外，少年性高血压、反应性高血压、高动力状态高血压、肾性高血压和原发性高血压等都有可能引起运动员高血压。

2. 预防和治疗

（1）对过度训练或过度紧张所致高血压的运动员，必须调整训练计划，包括减少运动量、减少力量性练习和控制训练强度，并针对病因给予积极治疗。集训或比赛前要做好运动员身体检查，以排除各种潜在性疾病（心血管系统、泌尿系统等）。要加强训练和比赛时的医学观察。

（2）对专项训练所致的高血压运动员，要适当调整投掷专项训练和力量专项训练的比例，增加一些放松练习，避免急于求成。

（3）对少年性高血压者，一般禁止其参加运动训练，要适当控制训练强度、力量训练的数量和比赛次数。

第五节　全能运动员的比赛

全能运动是田径运动中多个项目的一种，是由跑、跳、投、跨等七个或十个田径单个项目组成的综合性比赛项目。田径全能运动经历过多次演变和不断增大难度的过程。参加男子十项全能比赛的运动员必须在两天内按顺序完成十项比赛（见表2-4）：第一天完成100米跑、跳远、铅球、跳高、400米跑，第二天完成110米跨栏跑、掷铁饼、撑竿跳高、掷标枪、1 500米跑。比赛成绩是按照国际田联制定的专门田径运动全能评分表，将各个单项成绩所得的评分加起来计算的，总分多者为优胜。女子全能运动历史不长，但变化最多。1981年，女子五项全能改为七项全能，并设置了世界纪录。七项全能比赛顺序（见表2-5）为：第一天完成100米跨栏跑、跳高、掷铅球、200米跑，第二天完成跳远、掷标枪、800米跑。

表2-4　男子十项全能项目比赛顺序安排

	第一天	第二天
上午	100米跑、跳远、铅球	110米跨栏、掷铁饼、撑竿跳高
下午	跳高、400米跑	掷标枪、1 500米跑

表 2-5 女子七项全能项目比赛顺序安排

	第一天	第二天
上午	100米跨栏跑、跳高	跳远、掷标枪
下午	掷铅球、200米跑	800米跑

一位优秀的全能运动员不仅要经过长期艰苦的训练，具备较高的、全面的身体素质、心理素质和战术水平，以及牢固掌握田径运动中大部分运动项目的高难技术，而且必须通过参加比赛，在比赛中充分发挥其技战术水平，才能成为真正的王者。在比赛中全能运动员能否充分发挥其技战术水平，除取决于运动员的训练水平、赛前调整等因素外，根据全能运动项目特点，做好赛前准备活动也是全能运动员不可忽视的重要因素。

一、准备活动的生理作用

（一）提高机体的调节能力

准备活动可适度提高神经系统的兴奋性，增强运动的协调性和内分泌腺的活动力度，使神经调节与体液调节协同调控全身各脏器的机能活动，确保正式练习或比赛时的生理机能迅速达到适宜状态。

（二）提高机体的有氧工作能力

准备活动可使肺通气量、心输出量、血流量和血流速度加大，氧运输能力增强，心肌和骨骼肌中毛细血管扩张，供血量增加，氧合血红蛋白解离加速，血液释氧变快，有利于工作肌单位时间内摄取更多的氧气，以增强机体进入工作状态阶段时的有氧供给能力，减少血乳酸的产生。

（三）提高体温和代谢水平

准备活动时的身体练习使机体耗能增加，其能耗一部分供肌肉收缩，一部分转化为热能导致体温升高。体温的适度升高又可提高体内代谢酶的活性，加快物质的分解速度，保证运动中肌肉活动的能量供应。据报道，体温每升高1℃，细胞的新陈代谢速度约增加13%。

（四）提高肌肉的收缩能力

准备活动适度提高了体温和神经系统的兴奋性，可使神经冲动的传导速度加快，肌肉的兴奋性增强，肌肉的黏滞性降低，使肌肉的收缩速度加快、收缩力量增大，并能提高肌肉及韧带的弹性和伸展性，预防运动损伤。哺乳动物的肌肉温度升高2℃时，肌肉收缩速度增加20%。研究表明，人体活动的最佳温度是37.2℃，而肌肉的最佳工作温度为38℃。

（五）提高机体的散热能力

准备活动时的身体练习可增大皮肤血流量，汗腺分泌活动有利于机体散热，防止或减小正式比赛或训练时体温过高对机体造成的不良影响，如热应激伤害等。

(六) 调整赛前状态

准备活动可改善大脑皮质的兴奋状态，提高反应速度，减小不良的赛前反应，使机体在比赛前达到或处于良好的赛前状态，为正式比赛或训练做好机能上的准备。适度的肌肉活动能在中枢神经系统的相关部位留下兴奋性提高的痕迹，在这一痕迹效应的基础上进行正式练习，有利于发挥最佳机能水平。

二、全能项目赛前准备活动特点的分析

全能运动的比赛不同于其他田径项目的比赛，它主要的特点是跑、跳、投在比赛中均有涉及，不可能像其他单项比赛那样，一次就将准备活动做好；也不同于某个径赛项目的预、复、决赛或某个田赛项目的准备活动，而是有着自己的独特性。下面对全能运动比赛的赛前准备活动特点加以分析。

(一) 准备活动状态

由于机体机能进入工作状态的水平不同，所以全能项目准备活动与单项也有所不同。

全能项目的准备活动在结构上与单项比赛的准备活动类似，但是它们在准备活动的时间和强度上又有区别。原因在于：全能项目的运动员生理和心理上还受前项比赛影响，所以相对于单项来说，准备活动的时间要少些，强度也要小些。否则，消耗体力过大，会影响后继项目的比赛。由此可知，这就要求运动员在通常情况下根据自己的特点充分动员各器官系统做好准备活动，以最小的体力消耗发挥出最大的体能。

(二) 心理特点

全能运动比赛每项比赛前的心理状态与单项比赛有所不同。全能运动项目多，比赛水平除受训练水平的高低以及场地、器材等的影响外，也受运动员在比赛中的心理品质的影响。全能运动项目多的特点，使得它对心理上的影响与单项比赛相比，又有明显的区别。

从某些单项比赛来看，运动员最多参加预、复、次、决赛等几个赛次，如果比赛成绩太差或没有发挥出应有的水平而失去参加下一赛次的资格，其心理上表现出来的特点就是懊悔、气馁或者无所谓，这些不同的心理反应已不会对比赛成绩构成影响。但是全能比赛具有三个、五个、七个或十个不同的项目，运动员参加某项比赛后，休息一定的时间又得进行下一项目的比赛；而且各单项之间只有决赛；如果某一项比赛发挥得较差，运动员还可以从后续项目中弥补回来。如果某项比赛取得了较好的成绩，可对后继项目比赛产生促进作用，但运动员不能长时间地沉浸于兴奋之中而影响后继项目的比赛，而应把主要精力放在做好下一项目比赛的准备上。所以，全能比赛前不仅具有单项比赛的心理特点，即满怀信心，不畏困难、强手。还有自身的特点：即在进入下一项目的比赛时，必须集中精力，忘掉前项比赛带来的心理影响，尽可能地消除大脑皮层中原有的痕迹效应，发挥出应有水平，取得比赛的胜利。第一项比赛能赛出好成绩，会对以后各项比赛起鼓舞作用。远度项目争取第一次就成功，先取得有效成绩，后两次试投或试掷才能发挥出较高的水平。在高度项目上，一定要确定好起跳高度，争取一次过杆，以节省体力。

全能运动员要有独立参加比赛的能力。比赛中，对每一个项目都要奋力拼搏，力争取得好成绩。但在比赛中常会出现这一项提高了，那一项降低了的情况，这是正常现象。特别是初次参加比赛的全能运动员，由于比赛经验不足，会出现成绩不稳定的现象。不论遇到什么情况，在比赛中一定要保持沉着和冷静，这个项目失分了，争取在下个项目上比回来，绝对不能松懈，坚持到底就是胜利。那些因为某些项目比得不好而借故中途退出比赛的运动员，是意志品质差的运动员。

另外，全能运动员在比赛中要善于利用田赛和各项比赛的间隙及时休息，保存体力。每项比赛结束后，要清楚地知道自己的累积分和所处的名次，这样才能够做到心中有数，同时根据临场情况改变战术。

（三）战术和适应性特点

全能比赛高度项目的准备活动有战术的需要，也有适应性的需要，而其他项目则主要有适应性的需要。

田径规则规定，全能各单项比赛的时间间隔最少30分钟，如果条件不允许，裁判员可调整比赛顺序或组织，以保证每一位运动员都有30分钟的休息时间。根据人类生理特点，准备活动后休息时间一旦超过45分钟，其生理作用会逐渐消除，所以，只有通过一定的专项准备活动，机体的运动机能才能够充分调动进来，以适应下一项目的比赛。这就是全能比赛准备活动的适应性特点。但是高度项目比赛的准备活动不仅有适应性的需要，而且有战术的需要。全能比赛的目的就是以最少的体力消耗取得最佳的运动成绩，要达到这个目的，尤其是在高度项目比赛中，运动员就要有一套根据自身特点制定的战术，使自己在每个高度或每次试跳前都做好思想上和技术上的准备。例如，在5~6次试跳中就能达到自己的最佳水平，同时还可根据实际情况进行免跳。比赛中试跳次数过多，必然导致体力下降，进而影响比赛成绩和后继项目的比赛。所以，全能高度项目比赛前的准备活动又有战术的特点。

三、全能项目运动员比赛时的心理调控

全能运动是一个技术复杂的田径项目，它是由具体的各单项组成的一个不可分割的整体性的比赛项目。在比赛中，运动员身心处于高度紧张状态，他们不单要进行十个或七个单项的比赛，还要经受多次变换场地、器材、裁判，比分领先与落后，以及天气等环境变化的刺激，这不仅需要有良好的体能，还需要有良好的心理调控能力。因此，全能运动的教练员和运动员应对全能比赛中运动员的心理变化及心理调节引起足够的重视，在平时的训练和比赛中注意学习和掌握一些心理诊断和心理调节方法，针对比赛的不同阶段使用不同的心理诊断和心理调节方法。

（一）赛前心理调控

首先，运动员要放下思想包袱，树立正确的胜负观，明确参加比赛的目的就是对自己平时苦练的一次检阅，只有这样，运动员在比赛中才可以避免心理压力大而影响运动水平的有效发挥，也才能挖掘自己真正的潜力去面对挑战。其次，运动员需要通过转移注意力来调控不良心理状态。当运动员赛前因外界影响而突然产生紧张的情绪反应时，应把注意力集中在三个方面，即竞技状态、技术、努力，即把思想集中在对比赛有利的想法上。同时，还要配合做一些能够缓和紧张情绪的调节方法，如呼吸法，即有意识的深呼吸法，用坐式或站式均可；也可利用比赛间歇闭目坐下，把注意力集中在自身的内部感受上，使自己呼吸畅通，心跳缓慢而有节奏感，心情逐渐趋于平静。

（二）赛中强化技术的心理调控

正确的技术动作是运动水平得以发挥的根本保证。当运动员在比赛中，特别是在田赛的比赛中出现动作技术变形或水平发挥异常时，可在每次试跳或试投之前进行表象练习。因为表象重现是一种积极的意念，它可以间接地使植物神经系统活跃起来，进而促使心跳加快，呼吸加强，使新陈代谢过程的血流量加大，糖酵解加速，热能供应充足，并使全身增力情绪和增力感觉加强。运动员在比赛中运用表象重现法来强化技术时，主要应根据项目特点、个人特征及比赛条件来进行。在跑的项目比赛中，运动员可以在跑前3~5分钟重复进行三次"动作预觉"的想象练习。在跳跃项目比赛中，运动员要能随机应变，灵活调节与控制自己的情绪及心理状态，培养自控能力，运用"自我暗示"法默念编好的术语，如"注意加速""快速起跳""摆臂""快摆腿"等，使注意力指向即将完成的动作。在投掷项目的比赛中，运动员在投掷之前想一想完成动作的速度是非常有用的，因为这种表象训练能使神经和肌肉产生极大的反应，这些反应反过来又能加深运动痕迹并产生一系列连

贯的投掷动作。任何一个运动员想要投得快，就必须注意心理和神经肌肉方面的活动，在心理上必须使自己适应最快的投掷速度，产生最大的肌肉力量。

（三）赛中前项与后项比赛时间间隔的心理调节

前项比赛的结束就是后项比赛的开始，而运动员的心理变化并不因前项比赛结束趋于稳定，前项比赛的过程和结果还会对运动员的心理起着积极的或消极的作用。多数情况下前一项比赛好，会让运动员参加后一项比赛时有一个好的心理状态；前一项比赛不好，会对运动员参加后项比赛产生消极的心理影响。因此，在每一个前项比赛与后项比赛的时间间隔，运动员都应积极地休息，做好心理方面的调整，熟悉下一项比赛的技战术要点，只有这样，才有利于继续发扬拼搏精神，克服比赛中可能出现的各种困难，勇敢地面对各种挫折，从而为后继比赛获得成功做好思想上和技术上的充分准备。

（四）赛中自我激励、暗示的心理调控

自励是运动员独自面对错综复杂的比赛形势时，自己对自己的鼓励。运动员应根据比赛的具体情况，采用不同的自励语言和方法。例如，当运动员处于不利局面时，要鼓励自己"别泄气"，"失误了，还有机会"；而当运动员处于有利局面时，则要激励自己"别松劲儿，继续努力去夺取最后胜利"。在比赛的最后一个项目出现势均力敌时，运动员要以积极的自我暗示来鼓励自己，并保持沉着、冷静、敢于和对手一拼到底的主动迎战心理。这种自我暗示对人的心理活动和行为影响很大，是全能运动员比赛中值得提倡的一种自我调节方法。

（五）强项与弱项的心理调控

田径全能的项目多，但不同单项对运动员的身体素质、技战术、比赛心理状态的要求也不尽相同。因此，多数运动员在不同单项上都表现出运动技能水平的不均衡性，这就形成了运动员的强项与弱项。强项和弱项表现明显的运动员在比赛中心理变化也较大。有的运动员在比强项时，心理较放松，对比赛充满信心，动作流畅，超水平发挥，比赛成绩大大超过训练成绩；但在比弱项时，情绪紧张，信心不足，动作变形，比赛成绩大大低于训练成绩。对于这一类运动员，教练应帮助运动员在弱项的比赛前做好心理准备，使运动员做到身心放松，具体可采用以下方法：①让运动员到僻静处休息；②采用深呼吸放松法；③采用语言暗示心理的放松法。最重要的是让运动员放下思想包袱，轻松上场，坚持对运动员以鼓励为主，注意用自己良好的情绪状态感染运动员。有的运动员在强项比赛时盲目自信，注意力不集中，不充分准备，导致强项比赛失败，从而加剧心理紧张，丧失比赛信心。对这类运动员，在强项比赛前应适当强调比赛的重要性，引起运动员的心理重视。告诫运动员戒骄戒躁，保持优势。一旦强项比赛失败，运动员应及时调整心态，积极做好下一项比赛的准备，尽快走出失败的阴影，不给运动员留过多时间体验失败的痛苦，减轻不良心理体验对后续比赛带来的负面影响。弱项超水平发挥虽然对比赛有利，但有些运动员在弱项比赛取胜后盲目乐观，认为胜券在握，不认真研究对手。一旦对手超水平发挥，就会不知所措，心理波动较大，情绪紧张，影响强项运动技术水平的发挥。对这类运动员，教练员应在其弱项比赛取胜后强化其愉快情绪，适当增加强项比赛前的技术动作练习，使运动员没有过多时间去考虑比赛结果。

（六）比赛关键时刻的心理调控

全能比赛运动员要进行十项或七项内容的比赛，在比赛的关键时刻，胜负往往在1分上决出。因此，运动员需要去除一切杂念，以一颗平常心来对待比赛，要树立信心，特别是在最后一项耐力比赛中，要有一拼到底的信心和顽强拼搏的意志。

田径全能运动员的心理训练是一项复杂、系统、长期的工作，在常年训练中占有重要地位，必须遵循心理训练的原则，讲究科学性、针对性、实效性，坚持不懈地进行。一个优秀的全能运动员要有全面的技术水平，具备能承受艰苦训练和比赛的意志品质，还必须具备良好的心理素质和自我心理调控能力。只有这样，才能在国内外重大比赛中发挥出自己的最佳水平，取得优异成绩。

四、全能项目运动员的营养需求

全能项目包括多个运动项目，这些运动项目对运动员机体的要求有很大的不同。例如：短跑运动员不仅要速度好，而且要具备较高的灵敏性；而撑竿跳高则既要求速度，又要有力量，还要有很好的灵敏性。所以，各个项目对营养的要求也不尽相同。在不同的训练时期和比赛阶段，运动员对营养的需求也各不相同。根据运动项目的不同特点，结合不同的训练和比赛阶段，需要补充不同的营养，以达到提高竞技能力的目的。

（一）短距离项目的营养指导原则

碳水化合物的摄入必须足够，以维持训练中的糖原储存。能量摄入必须仔细考虑，如果增大肌肉质量是必需的，能量摄入应该增加；如果肌肉质量是满意的，能量摄入水平应该保持不变，并应仔细监测。如果以增加肌肉质量为目的，蛋白质摄入的种类和摄入时机应该仔细考虑。比赛日的营养应该个性化，以避免胃肠道不适和脱水。肌酸补剂可以提高肌肉的质量和力量，但是短距离运动员必须考虑使用肌酸所带来的额外重量增长。能够提高短距离径赛成绩的营养补剂有肌酸、β-丙氨酸、碳酸氢盐和咖啡因，应该注意的问题有：①对所有短距离运动员要使用单一的蛋白质摄入标准是无意义的；②冲刺能力/质量是短距离项目成功的关键因素，如果增加的肌肉质量降低了冲刺能力/质量的比值，那么肌肉质量的增加也许是一个错误；③使用蛋白质和氨基酸是因为它们提供的营养素优于食物；④不要在没有明确理由的前提下使用额外的营养品。

（二）中等距离项目的营养策略

营养目标的制定必须考虑不同的训练阶段的训练量和训练强度。碳水化合物可以提供日常能量摄入的绝大部分，摄入量为7~10克碳水化合物/（千克体重·天）。大运动量训练阶段蛋白质的日常摄入量应该达到1.5~1.7克蛋白质/（千克体重·天）。为了扩大运动后4小时内糖原的再合成速率，碳水化合物应该达到1.2~1.5千克体重/小时。摄入碳酸氢钠对成绩的改善有微小的提升作用，β-丙氨酸也对成绩的提高有一定的作用。

需要注意的问题有：①低碳水化合物的饮食（占总能量的3%~15%）被一致认为可能会影响运动员的高强度和耐力项目的成绩。许多实验数据证明，300毫克/千克体重的碳酸氢钠或柠檬酸盐在运动前约1~2小时服用对中距离径赛成绩的提高有微小的改善作用。②与急性碳酸氢钠补充相比，慢性碳酸氢钠补充有更好的胃肠耐受性。慢性碳酸氢钠补充的日有效推荐剂量是500毫克/千克体重，连续服用5天。③β-丙氨酸的服用方法是每日一次，每次3.2克；也可以是每日8次，每次0.4~1.6克。最后总量达到3.2~6.4克/天。β-丙氨酸的慢性补充是安全的，没有证据表明长期补充β-丙氨酸（肌肽，N-β-丙氨酰1组氨酸）会对机体有负面影响。

（三）田径长距离项目的营养策略

田径长距离项目应该采取的策略是满足训练负荷对碳水化合物的需求，提升每一阶段训练后的恢复能力，这些策略对促进关键训练阶段的恢复相当重要。长距离运动员应该消耗适量的碳水化合物来贮备燃料，以满足训练的需要。碳水化合物负荷和糖原的超量恢复对马拉松和50公里竞走有很大的益处。对超过60分钟的比赛项目，碳水化合物和液体的摄入可能是有益的。一些长距离运动员可能出现铁缺乏问题，诊断时需要排除其他原因的可能，增加生物可利用铁的摄入。一些运动饮料和流质饮食对于满足长距离运动员的营养需求是很重要的，适中剂量的咖啡因能够提高中长跑运动员的运动表现。

需要注意下列问题：①长距离运动员降低体重和体脂时，应该注意碳水化合物、蛋白、铁和其他营养元素缺乏对身体机能的影响；②由于铁缺乏和贫血会导致运动能力下降，甚至导致严重的医学问题，如含铁血黄素沉着病，因此有规律地补充铁和铁注射剂是有必要的；③营养品不能代替合理的饮食和训练。

（四）跳投项目的营养策略

营养计划的制订应该个性化，因为营养素的需求随体重、训练计划、恢复期、非训练期的不同而有很大的变化。赛季前后应该测试不同的体重和体成分。通过适量补充液体，使训练的前、中、后液体的损失小于正常体重的2%。通过摄入足量的液体和钠盐，弥补训练和比赛损失的体液和钠盐。运动员应该摄入充足的水分，以出现淡黄色的尿为标准。随着个体体重、训练强度和阶段的不同，蛋白质和碳水化合物的需求也不相同。即使对于高强度和长距离的训练，通过膳食也能满足蛋白质和碳水化合物的需求。蛋白补剂提供便利的蛋白质来源，但是蛋白补剂品质并不优于食物中的天然蛋白。在超过一小时的中等强度训练中，消耗的碳水化合物需要补充以帮助恢复糖原的储存。运动后补充适量的碳水化合物将会加速糖原储存的恢复速率。对维生素和碳水化合物的摄入应该满足饮食摄入标准的要求。膳食补品能够显著地改善速度、力量和冲刺能力，因此可能提高运动能力。根据训练、比赛、恢复和非赛季不同阶段的实际训练计划变换不同的营养素摄入标准，有助于提高运动成绩。

需要注意的问题有：①不要滥用营养补剂和生力补品；②在一个比赛日过多摄入液体可能导致水分过多和超重。

参考文献

［1］李鸿江．田径［M］．北京：高等教育出版社，2018．

［2］编写组．田径运动教程［M］．北京：北京体育大学出版社，2013．

［3］李老民，李铁录，王林，等．田径运动教程［M］．北京：北京体育大学出版社，2008．

［4］孙男．现代田径训练高级教程［M］．北京：北京体育大学出版社，2010．

［5］吴永海．田径训练实用手册［M］．北京：国家行政学院出版社，2012．

［6］李爱国．田径运动教学研究［M］．武汉：武汉大学出版社，2017．

第三章　全能运动员短跑运动技术与训练要点

　　短跑是田径运动的灵魂，是田径运动的基础，也是其他竞技运动的基础。田径被称为"运动之母"，其重要性不言而喻，在世界范围内有着极高的关注度，其中100米短跑是历届大赛中关注度最高、影响力最大的运动项目。在一代又一代体育人的共同努力下，我国的100米短跑取得了巨大突破。特别是新时代以来，涌现出苏炳添、谢震业等多位高水平运动员，100米单项和4×100米接力成绩跻身世界前列，充分体现了"中国速度"。目前人类100米跑用时9.58秒的世界纪录由牙买加优秀短跑运动员博尔特于2009年8月创造。

　　男子十项全能、女子七项全能选手的短跑训练和比赛包含100米跑、200米跑和400米跑，对于全能运动员来说，速度是提高各个单项的基础，也是一名优秀全能运动员取得好成绩的关键因素。目前世界优秀的男子全能运动员的100米跑速度可以达到10.005秒左右，女运动员的100米跑速度能够达到11.005秒左右，拥有较快的速度，全能运动员才可能比较容易地掌握跳远、跳高、撑杆跳高、跨栏及投掷等各个单项技术，也才能更好地完成训练和全能比赛。全能运动员的短跑技术要求和单项是相同的，但由于全能项目多，不可能如短跑专项运动员一样有更多的时间进行练习。因此，短跑的专门性练习和技术练习应该都包括在每次训练课的准备活动中，包括短跑、跳远、跨栏、撑杆跳高及其他技术训练前。短跑训练是各项目训练的基础，也是根本性的技术训练，是教练员在全能训练时抓的关键任务之一。

　　本章将介绍与全能运动员短跑项目技术和训练相关的一些内容。首先，介绍短跑项目的技术要求，接下来针对每一个项目相关的技术要求单独进行讨论。在本章的最后部分，介绍短跑项目的训练和一些专项技术练习手段以及在训练中应注意的问题。

第一节　短跑的基本技术

　　根据全能运动员在不同距离比赛中的表现形式，可将短跑技术分为起跑、起跑后的加速跑、途中跑、弯道跑和终点跑技术。

一、起跑技术

在全能比赛的短距离比赛中，男子全能的 100 米、400 米和女子全能比赛的 200 米和所有短距离跑一样，运动员在比赛时采用"蹲踞式"起跑。蹲踞式起跑的目标是获得向前冲力，使身体尽快地摆脱静止状态，为起跑后的加速跑创造有利的条件。

在为训练或比赛安装起跑器时，运动员应该先测试哪条腿的爆发力更大。一种测试方法是，每条腿都进行单腿垂直跳跃测试。大多数运动员会将更有力的腿放在前面。前面的踏板应该放置在距离起跑线大约两脚远的位置上。适当调整踏板，使运动员跪下后，前腿的膝盖恰好能位于起跑线的后面。后面的踏板应放在前面踏板后方大约 30 厘米的位置。运动员可以根据需要调整起跑器角度，以保证自己能够形成一个最佳的向起跑器发力的准备姿势。运动员在抬高身体做出预备姿势时，必须感受到双脚对踏板的压力。

运动员在听到"各就位"的口令时应该走向起跑器。运动员要确保起跑器被牢固安置，防止起跑时滑动；双手与肩同宽，拇指和其他手指分开形成一个手桥，按在紧挨着起跑线后面的地面上；肩膀位于手的正上方，身体的大部分重量应该放在双脚和后面腿的膝盖上。当运动员等待"预备"的口令时，头部应该放松，并与脊柱呈一条直线。

在听到"预备"的口令时，运动员应立即将臀部抬高到略高于双肩的位置。前膝角度为 90°~100°，后膝角度为 120°~130°。在做预备姿势时，初级阶段的短跑运动员通常会在手和脚之间分摊其体重，而较高级阶段的运动员会将 70%~80% 的体重置于手上。如果运动员蹬离起跑器后出现了摔倒的情况，那么教练员应该考虑运动员身体重心是否太过前倾。在做预备姿势时，可以根据需要分配身体的重量或安置起跑器的位置。在做预备姿势时，两条小腿形成的角度应该近似于平行，而且与地面形成非常小的角度。准备起跑时，运动员应当感觉到双脚对起跑器产生的压力。后面的脚蹬向踏板的力量较强，但持续时间非常短；前面的脚蹬向踏板的力量没有那么强，但力的作用时间会更长一些。蹬离起跑器后大幅度的、有力的摆臂动作有助于提高初始步幅，从而快速地激活所需要的牵张反射作用。

当处于预备姿势（见图 3-1~图 3-8）时，运动员应该集中注意力等待枪声信号，而不是去预判枪响。听到枪声后的第一个动作应该是双脚用力蹬起跑器踏板，推动肩膀向前上方移动。当身体的重心向前移动时，后面的脚从踏板上离开，而前面的腿继续发力，直至完全伸展。当后面的膝盖向前移动时，对侧的手臂应该积极地向前摆动，类似于一个上勾拳动作，另一侧的手臂同样用力地向后摆动。

起跑是短跑项目的一个非常重要的部分。由于起跑与加速过程相连，因此起跑和加速必须结合在一起练习。

图 3-1　短跑起跑动作顺序一

图 3-2　短跑起跑动作顺序二

图 3-3　短跑起跑动作顺序三

图 3-4　短跑起跑动作顺序四

图 3-5　短跑起跑动作顺序五

图 3-6　短跑起跑动作顺序六

第三章 全能运动员短跑运动技术与训练要点

图 3-7 短跑起跑动作顺序七

图 3-8 短跑起跑动作顺序八

最佳的起跑姿势为高质量的加速阶段打下基础。如果在准备起跑时犹豫不决或重心不稳失去平衡，会直接导致不理想的起跑和加速模式。运动员在起跑器上调整预备姿势时，身体必须处于一个稳定的状态，同时必须保证能够准备随时向前蹬出。运动员必须有足够的腿部蹬的力量，以便产生一个爆发性的起跑动作，在训练中使用模拟起跑动作，进行提高腿部力量的身体和技术练习，能起到非常理想的作用。

在起跑器上，前面的腿用力蹬伸，髋和膝完全伸展，足、膝、髋和肩向前上方形成一条直线，在脚趾离开地面时，该直线与地面的角度约为 45°。于头部和脊柱在双肩的中间位置，并且保持为一条直线。在加速阶段的初期，自由腿向前摆动，在腿部做折叠还原动作时，足跟距离地面很近，以便能够快速地落地以支撑住前倾的身体。随着每一步的加速，运动员的身体逐渐直立，在腿部做折叠还原动作时，足跟与地面的距离变得越来越大。

二、加速跑技术

加速跑是指运动员在起跑后，利用蹲踞式起跑向前的力，在较短的时间内，尽快地发挥较大的速度，自然地进入道中跑。在起跑的基础上，大腿积极向后方下压，起跑后第一步约为三脚半长至四脚半长，以后的步长逐渐增大，直到途中跑。起跑后上体自然前倾，随着跑速的增加，上体逐渐接近正直。起跑后加速跑的前几步两脚落点自然分开，随着步长的增大，两脚落点逐渐合在一条直线上（加速跑一般为25~30米），自然过渡到途中跑。

三、途中跑技术

途中跑是短跑中最主要的部分，其技术质量的高低决定着短跑成绩的好坏。途中跑的任务是继续保持起跑后的加速跑中所获得的速度，并保持最大速度跑完全程。

途中跑的速度取决于两腿蹬摆的效果、上体的姿势、两臂动作的配合，以及肌肉用力和放松交替的能力。摆动腿摆动速度越快，支撑腿支撑、缓冲、后蹬的时间就越短。摆动腿的最大摆动速度是影响途中跑支撑腿支撑时间的关键因素，直接影响着途中跑步频和速度。提高摆动腿最大摆动速度和平均摆动速度，可有效缩短途中跑支撑缓冲时间，有助于身体重心快速移过支撑点和缩短后蹬时间，从而加快后蹬进程，提高后蹬效果。

（一）两腿动作

在一个跑的复步中，当身体重心移过支撑点后，支撑腿就开始了后蹬。后蹬动作首先从伸展髋关节开始，当身体重心远离支撑点时，再迅速伸展膝关节和蹬直踝关节，最后用脚趾蹬离地面。后蹬结束的一刹那，髋、膝、踝、趾关节充分蹬伸，与躯干几乎成一直线。这种动作使后蹬支撑反作用力通过身体重心，有效地推动身体向前移动。

后蹬效果的好坏取决于蹬地时产生的力量和速度，以及后蹬的方向和角度。两腿蹬地力量越大，速度越快，在一定范围内，蹬地角度越小，效果越好。

适宜的后蹬角度有利于获得较大的水平速度，并能减小身体的重心在跑步时的波动。优秀短跑运动员的后蹬角度一般为50°左右。

腿的摆动是从后蹬腿蹬离地面时开始的。当后蹬腿蹬离地面，身体转入腾空时，要放松刚刚参加后蹬活动的肌肉群。此时，小腿随大腿的前摆，顺惯性自然折叠。当大腿摆至垂直部位时，小腿折叠到最大程度。大腿的摆动经过垂直部位后，继续积极主动地向前摆动。此时，摆动腿的膝关节和小腿处于放松状态。当摆动动作结束时，蹬地腿已完全伸重。此时，两大腿的夹角约为95°~100°，摆动腿小腿与蹬地腿几乎平行。

当摆动腿摆至最大限度后，大腿积极下压，膝关节放松，小腿顺惯性前摆，在重心投影点前用脚掌完成向后下方的"扒地"动作，着地点应在膝关节的垂直下方。脚着地后顺势屈膝、伸踝，以缓和着地时产生的阻力，并使身体迅速前移。

在途中跑的过程中，左腿有力地蹬地，为右腿迅速地前摆打下了坚实的支撑基础；而右腿的迅速前摆，又有利于左腿再一次创造出完美的蹬地速度与力量。左右两腿动作是连贯的，需要很好的协调配合，使两腿相互促进，提高途中跑的质量。

（二）摆臂动作

正确的摆臂动作不仅可以帮助运动员维持运动中身体的平衡，还可以提高两腿蹬伸的频率和步幅。

摆臂时，两手半握拳或自然伸展，肘关节自然弯曲成90°，以肩为轴前后摆动。前摆时，手高不超过下颌，肘关节稍小于90°；后摆时，肘关节稍向外，大臂不超过肩，小臂几乎与躯干平行，手臂经过体侧时，肘关节角度最大，约为150°。

（三）上体姿势

正确的上体姿势对保持身体平衡、对两臂摆动和两腿蹬摆的效果都有积极的影响。

途中跑时，头部和颈部应始终保持放松，目光的注意力始终在正前方，目视终点，躯干保持正直或稍前倾。在做跑的动作的不同阶段，躯干前倾角度略有变化。在垂直支撑时，前倾较大，为5°~15°。在后蹬时，由于髋关节的积极前送，上体几乎是正直的。跑时，躯干沿身体纵轴进行小幅度转动，能加大两臂和两腿的摆动幅度。躯干适度前倾有利于减小后蹬角度，提高后蹬效果。总之，在途中跑的过程中，要求动作轻松有力、协调自然、幅度大、频率快、重心平稳、直线性好。短跑的呼吸一般是配合步子，做短而快的呼吸，切不可憋气。

四、弯道跑技术

由直道进入弯道后，运动员便开始弯道跑。由于人体沿着弯道做圆周运动时需要一个向心力来克服圆周运动所产生的离心力，需要运动员具备很好的弯道跑技术。在弯道跑时，运动员需要注意以下技术要点。女子七项全能中的 200 米跑和男子十项全能中的 400 米跑，有一半以上的跑动是在弯道上完成的，因此需要运动员注意弯道起跑和起跑后的加速度以及弯道跑技术。一是弯道起跑和起跑后的加速跑。弯道起跑首先要注意起跑器的安装方式，为了在起跑后获得一定的直线加速距离，起跑器的安装一般需要贴近自己跑道的右侧，对着弯道的切线方向。起跑后沿着内侧分道线的切线加速跑进，上体需要较早抬起，进入弯道后，尽量沿着跑道内侧跑，身体向内侧倾斜。二是弯道跑技术。运动员从直道进入弯道时，身体应有意识地向内倾斜，加大右侧腿和臂的摆动力量和幅度。弯道跑时，身体应向圆心方向倾斜。后蹬时，右腿用前脚掌的内侧，左脚用前脚掌外侧蹬地。两腿摆动时，右腿膝关节稍向内摆动，左腿膝关节稍向外摆动。两臂摆动时，右臂前摆稍向左前方，后摆时肘关节稍偏向右后方；左臂稍离躯干做前后摆动。弯道跑的蹬地与摆动方向都应与身体向圆心方向倾斜趋于一致。从弯道跑进直道时，应在弯道最后几步，身体逐渐减小内倾程度，自然向前跑进几步，然后进入直道全力向前跑进。

五、终点撞线技术

终点跑是全程跑的最后阶段，其任务是尽量保持途中跑的高速度跑过终点。终点跑的技术包括终点跑技术与撞线技术。通常情况下，在后 15~20 米终点跑时会产生体力透支的感觉，导致体力下降，出现速度减慢的现象，此时应注重加快摆臂动作，使速度损失减小到最低；当跑到距终点线 1~1.5 米处时，上体迅速前倾，用胸部撞终点线。跑过终点线后，应顺势逐渐减速，而不要突然停止。摆臂动作的快慢与下肢动作频率的快慢紧密相关。

当运动员身体躯干的任何部分接触到终点线后沿的垂直面时，即表明运动员到达终点。因为短跑比赛的距离短和完成比赛的时间短，在冲刺撞线的时候，各个运动员之间的距离通常非常接近，会出现肉眼无法判断名次的情况，必须依靠专业的高速摄像机回放来判断。因此，运动员若具备较好的冲刺撞线的技术，很可能会改变比赛的最终结果。在达到终点线前向前倾斜身体是有效果的，但仅在时机恰当的时候有用，身体倾斜太早会破坏运动员动作循环节奏和弹性的反射作用，甚至会使运动员失去重心而摔倒。向前摆臂的肩膀积极地前倾撞线是一种比较好的撞线技术（见图 3-9）。最常用的技术是将头部和两侧肩部同时前倾撞向终点线，同时向后摆动双臂。运动员在训练期间应当适当练习冲刺撞线技术。

图 3-9 转动一侧肩膀撞向重点线

六、常见错误纠正

短跑项目常见技术错误及纠正方法如表 3-1 所示。

在表 3-1 中总结出了一项短跑运动员在训练或比赛中容易出现的一些错误,并且提供了纠正的方法。

表 3-1 短跑项目常见技术错误及纠正方法

错　　误	原　　因	纠正方法
跑动时骨盆前倾,可以由腿部后撩幅度过大和抬腿高度不够判断出来	1. 腹肌力量薄弱; 2. 姿势错误	1. 通过力量和稳定性训练来提高核心肌肉力量; 2. 跑动时有意识地去调整骨盆的倾斜角度
在跑动的动作循环机制中,足跟还原前摆的高度较低(在支撑腿膝盖高度以下摆过)	1. 在脚掌落地时做抓地动作,而没有采用活塞式的动作冲击地面; 2. 髋关节动作幅度较小; 3. 疲劳或能力不足,难以保持良好技术	1. 落地时撞击地面,不要抓地; 2. 进行专项技术练习,提高短跑技术; 3. 在保持较好的弹性动作机制的前提下,变换跑动距离

续表

错　误	原　因	纠正方法
在接近赛道终点线时出现身体肌肉僵硬	1. 不理想的加速过程或者不合理的速度分配模式； 2. 能力没有达到比赛的要求	1. 培养正确的加速技术； 2. 使用加速梯或标志物做记号，练习在加速过程中逐渐提高步长； 3. 练习并达到满足比赛要求的力量和速度耐力水平。
预备姿势不稳定	1. 肩、腕和手指力量薄弱，在预备姿势时，手桥的力量难以支撑身体重量； 2. 在预备姿势时，身体重心向前方倾斜过多； 3. 对枪声信号进行预判	1. 利用指尖俯卧撑、借助哑铃和杠铃做肩部推举、做双杠臂屈伸和倒立来加强肩膀、手臂、手腕和手指的力量； 2. 在预备姿势上，保持双肩在双手的上方，直到拥有足够的力量，才能允许身体有更多前倾； 3. 在预备姿势上，练习不同的时间进行起跑，同时还能训练对枪声信号的反应能力
从起跑器蹬出的第一步就绊倒	1. 在预备姿势时，肩部在手部上方向前倾斜过多； 2. 腿部力量太弱，无法适当地从起跑器上蹬出； 3. 后面脚对踏板施加的压力不足	1. 在预备姿势上，保持双肩在双手的上方； 2. 双脚用力蹬起跑器； 3. 加强腿部力量练习，特别是在一般准备期
起跑后身体站起	1. 力量不足，无法以合适的角度蹬离起跑器（运动员必须站起身来避免跌倒）； 2. 两脚没能完全用力蹬离踏板	1. 通过力量训练、斜坡跑、弹力带抗阻跑、台阶跑和快速伸缩复合训练来提高腿部力量； 2. 学习正确的起跑技术，以及如何正确地发力蹬离起跑器，技术改进往往是弥补力量不足的必要条件

第二节　短跑训练要点

短跑是发展速度素质最有效的手段，是全能运动员的基础项目，在其他项目的训练中也占有极其重要的位置，在训练中有着自身的训练特点。快速力量练习是短跑的基础训练，在此基础上，增加短跑的专门性练习。在训练时要正确认识和了解短跑技术，通过进行符合动作技术结构的专项力量训练，逐渐形成自身正确的肌肉发力方法，直至肌肉动力定型；在这个基础上再进行跑的专门性练习，将已具有的专项身体素质转移到跑的技术结构中去，从而形成正确的短跑技术。基于此，力量训练可以被认为是提高短跑技术的训练要点，同时，结合跑的专门练习，强化身体运动和技术定型，并实现在高运动强度下保持和巩固短跑的正确技术，使运动员在比赛中正确地发挥技术。短跑训练并不是一味地追求"速度"，而是通过大量途中跑和加速跑改进技术和提高跑的能力，这也是全能运动员在短跑训练中值得进一步探讨的问题。短跑训练有以下几个要点。

一、重视短跑训练理论的学习和了解

20世纪70年代前，短跑理论认为"蹬"是跑的主要动力来源，甚至认为后蹬是短跑前进的唯一动力，因此在训练中，方法、手段多是围绕加强后蹬力量来进行的。随着现代竞技体育的科学化发展，人们逐渐认识到短跑的动力来源不是后蹬，而是摆动腿大腿的积极下压和踝关节有力扒地，并认为后蹬只是短跑技术中的惯性动作。这一理念的提出使人们开始转变传统的短跑训练方法，并逐渐形成注重蹬和摆完美结合的理念。在后蹬结束后，尽快使身体平动并提升水平速度。在日常训练中，既要进行腿部力量训练，还要进行摆臂力量训练，更要重视二者的有机结合。上下肢的力量协调一致更有利于提高运动技术水平。如果仅强调腿部力量训练，会造成上下肢力量发展不平衡，最终影响跑速和成绩。

基于上述理论，短跑训练强调以蹬带摆，以摆促蹬，蹬摆结合，在各专项练习中，要注重正确技术细节的训练和培养。

在日常训练中，为提高运动成绩，还需要运用动力学方法研究运动员跑速变化的原因，以掌握正确合理的技术。其原则是：增加前进的动力，克服其阻力，最有效地利用个人的最佳体能。我们知道，推动人体前进的动力主要是支撑腿的蹬伸，而两臂摆动、腿的摆动及支撑腿的动作是影响蹬伸的速度、力量和方向的主要因素。因此，训练中既要注意下肢力量蹬伸和大肌群的练习，也要注意上肢摆动及小肌群的练习，加强短跑的基本技术训练和技术模仿练习，要摒弃那种只通过"跑"来改进技术和提高训练成绩的错误理念。

二、注意短跑动作的规范性

（一）头与躯干的动作

两眼平视前方的终点线，头部与颈椎放松，上体稍前倾或正直。手腕放松，两臂弯曲约90°，以肩关节为轴前后平行有力摆动。摆臂动作要与腿部动作相配合，向前摆的动作要快，幅度要大，不同程度地带动肩部沿脊柱做前后扭转。

（二）摆腿动作

随着跑动惯性，摆动腿以髋关节发力带动同侧腿放松折叠，快速向前摆动。这是当代短跑技术的主要特点。大腿抬的高度应与上体倾斜线接近垂直。摆动大腿积极下压，足前掌积极扒地，脚掌迅速有力地落在身体重心投影点前适当位置。着地瞬间，小腿与地面垂直，膝关节稍弯曲，足踵距地面有一定高度，脚着地后，膝、踝关节继续弯曲，足踵下沉，有利于身体重心迅速前移和进入后蹬动作。

（三）后蹬动作

后蹬动作是运动员获得向前移动的主要动力，蹬地动作由伸展髋、膝、踝三个关节组合而成，蹬地动作三要素包括蹬伸速度、蹬伸程度和蹬伸方向。在短跑蹬地动作中，蹬伸速度最重要，要充分发挥踝关节最后蹬地的力量。

（四）跑的动作

要求身体轻快、手臂与腿部的蹬摆配合协调，强调向前摆臂，要求腿部放松、大步幅、高频率、动作向前（长步7~8脚，步频每秒4.5步以上）。

三、注意上下肢的协调配合

在短跑的运动过程中，每一个动作都是由若干个运动系统共同完成的，在强调肌肉收缩速度的同时，也要强调不同肌群协同工作的能力。短跑中的上肢运动和下肢运动是相向的，更是相辅相成的，上肢运动速度和幅度的增加会相应带动下肢运动速度和幅度的增加。因此，在短跑技术训练实践中，要强调全面均衡的发展：一是上肢及肩带力量训练会有效带动下肢摆动速度和摆动的幅度，有利于整体运动能力的提升；二是躯干力量对跑进时重心的稳定起着重要作用，并直接影响屈伸髋的效果，而有效的伸髋是跑的直接动力。我们在制订短跑技术训练中的力量训练计划时，要全面均衡地发展肌肉力量，使上肢与下肢、大肌群与小肌群、前肌群与后肌群、左侧肌群与右侧肌群有机结合；同时，注意大小关节、韧带力量的发展。只有在力量方面得到全面均衡发展，在运动过程中才能充分发挥出全身的力量，这一点对于正确掌握短跑技术也是非常有益的。全面、均衡、科学的训练对日后的运动生涯极为有利。

四、重视小肌肉群的训练

从生理学角度出发，青少年的肌肉力量随着年龄增长而逐渐增强，尤其是在青春期后，随着性发育的逐渐成熟，性激素大量分泌，对肌纤维生长有着极大的刺激作用。力量性训练的效果在青春期后才更明显。在此之前，应注意适量安排一些小肌肉群的力量练习，这对于提高运动实效性以及以后短跑技术的掌握和实施大有裨益。

短跑运动的成绩取决于步长和步频的完美组合，在强调步长和步频成绩发展的同时，还要注重髋关节灵活性、伸展性及相关力量的训练。这一点对于青少年运动员的训练尤其重要，因为青少年时期不仅是速率发展的敏感期，也是发展髋关节灵活性、伸展性及相关力量的最好时期，因此，在青少年时期实施有针对性的相关特性训练，能为今后的运动生涯打好坚实的基础。

第三节 现代短跑技术专门练习

当指导和纠正运动员的技术错误时，教练员应该使用完整动作训练的模式（见图3-10），同时也采用分解动作的训练方法。短跑项目是一个循环的动作，所以不能低估在发展和练习中整个动作节奏的价值。

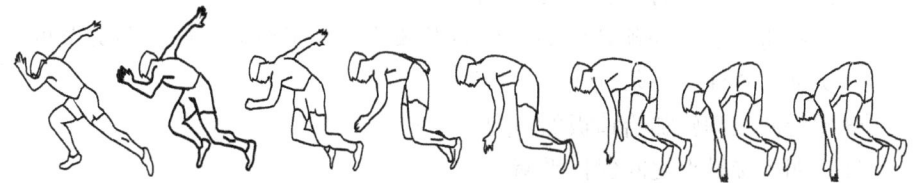

图3-10 短跑起跑、加速跑技术

一、起跑技术练习

在利用起跑器进行起跑练习之前，教练员可以通过以下练习来帮助运动员提高他们的起跑速度和起跑后的加速能力。

（一）前倾式起跑
①两脚前后交叉站立。
②腰部向前弯曲，角度接近90°。
③以前脚为支点，身体前倾，直至身体感觉到即将失去稳定。
④后腿向前摆动，收脚使其保持与地面较近的距离，进行还原前摆动作。
⑤在后腿的膝关节向前移动的过程中，身体前面的脚继续用力蹬地。
⑥与腿的方向相反，用力摆动手臂。
⑦每一步都持续地用力蹬地，以保持身体平衡。

(二) 三点蹲踞式起跑

①两脚前后交叉站立在起跑线前。

②后脚同侧的手臂伸向地面,并用它支撑住躯干。

③前脚同侧的手臂向后上方伸直,并保持在身体上方较高位置。

④双肩保持在触地手的上方。

⑤两脚同时用力蹬地,推动肩膀向前上方移动。

⑥与腿的方向相反,用力摆动手臂。

⑦后脚在做向前的还原前摆动作时,前脚继续用力蹬地。

⑧随着每一步的迈出,身体逐渐直立(躯干角度)。

(三) 四点蹲踞式起跑,不用起跑器

①以三点蹲踞式起跑姿势站立。

②双手拇指与其他手指分开形成手桥并按在地面上。

③肩膀保持在双手的上方。

④以与三点蹲踞式相同的方式进行起跑。

(四) 四点蹲踞式起跑,用起跑器

①按照前面介绍的方法来放置起跑器。

②在起跑器上做好预备姿势,抬高臀部使其高于双肩,保持髋关节的中立位,头部与脊柱呈一条直线。

③感受两只脚施加给踏板的压力。

④在四个接触点之间保持平衡。

⑤听到枪响后,双脚用力蹬出,促使双肩向前上方移动。

⑥后脚快速蹬离踏板,同时前面的脚继续用力蹬踏板。

⑦在前脚蹬离起跑器时,各关节完全舒展。

⑧尽可能地大幅度地挥摆手臂,与加速阶段相对较长地面接触时间相匹配。

⑨在前几步中,采用较低的脚跟还原前摆动作。

二、加速跑技术练习

以下练习能够加强运动员在起跑阶段的加速能力。这些练习能增加肌肉组织的负荷,使它们能在水平方向产生更大的力,并提高运动员高效地运用这种力量的能力。大力量训练可以促进这些方法的练习。

(一) 扶墙练习

①在距离墙壁1米处面对墙壁站立。

②双手扶在墙上,双臂完全伸直。

③身体躯干与墙壁形成的角度大约为45°。

④听到"跑"的口令时,双腿就像蹬离起跑器一样交替用力向前蹬,同时双手撑住墙。

⑤动作尽可能快速有力,完成10~20秒的练习。

(二) 胶布标志练习

①将长条的胶布(或者码尺)依次贴在起跑线后方的跑道上。

②将第一条胶布贴在起跑线后0.5米的地方。

③之后的每两条胶布之间的距离增加15~20厘米(例如,0.5米、0.7米、0.9米、1.1米、1.3米、1.5米、1.7米、1.9米或0.5米、0.65米、0.8米、0.95米、1.1米、1.25米、1.4米、1.55米)。递增的距离应该根据运动员的训练年限和力量水平来确定。

④从起跑线前起跑,驱动每只脚下压回落,使每一步脚跟都落在胶布上,这个练习可以让运动员体会步幅感觉。

(三) 加速跑练习

①加速跑练习可以借助胶布或使用其他标志位来完成。如果使用胶布,可以按照胶布标志练习中的同样方式粘贴。

②可以采用20至60米的加速跑,较短距离的加速练习可以帮助运动员在不力竭的情况下感受到起跑后的每一步发力的动作。

③正确的加速模式建立后,距离可以延长10米、20米或30米。

④可以采用多种起跑姿势或借助使用起跑器进行相关练习。

(四) 起跑器起跑或前倾式起跑的30米加速跑练习

从起跑器上起跑,或者采用三点前倾式起跑,进行30米加速跑练习,一组5次,共练习2至4组。次间间歇3分钟,组间间歇7分钟。总量为300米至600米。

(五) 起跑器出发或前倾式起跑的40米加速跑练习

从起跑器上起跑,或者采用三点前倾式起跑,进行40米加速跑练习,每组4次,一共3组。次间间歇3分钟,组间间歇9分钟。总量为480米。

(六) 抗阻跑练习

①运动员拉重物,或者另一名运动员在身后拉住系在腰部的弹力带以提供阻力,进行20~30米的加速跑。

②根据运动员的力量和能力水平选择适合的阻力。阻力大小的选择应该建立在不对运动员技术动作、动作模式造成破坏的基础上。

③这种练习手段非常适合用于一般准备期的训练。

使用抗阻力跑时,阻力应控制在运动员体重的5%~8%,若对抗阻力超过运动员体重的8%,运动员就需要发挥出更大的推动力,这样会延长落地缓冲阶段,改变蹬地角度,降低步长和步频。

(七) 斜坡跑练习

①采用不同角度的斜坡进行上坡跑练习。

②身体面向斜坡倾斜,并集中注意力于发力动作。

③可以穿上负重背心来增加阻力。

(八) 体育场台阶跑练习

①开始练习时,跑动中每一步迈上一个台阶。

②跑的速度要快,发力蹬台阶。

③当无法再维持高速跑时,停止练习。

④随着水平的提高,可以一步迈两个或更多台阶,注意发力蹬台阶动作。

三、发展最大速度跑的技术练习

(一) 专项素质训练

1. 力量训练

(1) 短跑的力量训练。短跑的力量训练要根据短跑的肌肉用力特点进行安排。短跑全程的速度曲线变化大致可以分为三个区域,第一区域从起跑到30~40米,主要取决于最大的肌肉力量和爆发力,以迅速改变静止状态的惯性获得加速跑的速度;第二区域从40~70米,主要取决于快速力量,使运动员获得全程跑的最高跑速;第三区域从70~100米,主要取决于肌肉的力量耐力,能够保持更长距离的高速度跑,减少速度下降。

(2) 提高肌肉力量。提高肌肉力量的练习主要是负重和抗阻力练习,一般以递增负荷重量的方法实现。开始练习时采用最大负荷量的70%~80%进行,逐渐增加到100%的重量,完成5~7组,每组4~5次。

(3) 提高爆发力。提高爆发力,主要采用负重练习、抗阻力练习和跳跃练习。练习量为最大负荷量的60%~75%,动作速度要快,完成5~7组,每组10次左右。采用跳跃练习时,选择距离为60~100米距离的负重或不负重的快速跳跃练习。发展力量耐力,可采用负重量轻的、跳跃距离长的练习,练习量为最大负荷量的40%~50%,要求强度小,重复次数在10~20次以上。跳跃练习可选择100~200米距离的负重或不负重练习。

(4) 负重和抗阻训练。主要练习如下:

①负杠铃练习(全蹲、半蹲、1/3蹲)。从最大负荷量的70%~80%开始,逐渐增大到100%。完成5~7组,每组4~5次。

②负重弓步走。最大负重量的40%,距离为40米~60米,完成5~7组。

③负重半蹲。最大负荷量的70%~80%，完成5~7组，每组5~7次。

④负重弓步交换腿跳。为最大负荷量的50%，完成5~7组，每组20~30次。

⑤负重高抬腿跑。为最大负荷量的20%~30%，完成5~7组，每组40~60次。

⑥持哑铃跳。重量15~25公斤，完成5~7组，每组10~20次。

⑦负重直腿跳。以最大负荷量的20%~30%，完成5~7组，每组40~50米。

⑧拖重物跑或拖重物跳。重量5~10公斤，完成5~6组，距离为30米、60米、100米。

⑨卧举、挺举、抓举及持器械摆臂等练习。

⑩胶带牵引发展腰后肌群、小腿肌群、髂腰肌等力量练习，完成5~6组。

（5）跳跃力量训练。跳跃力量训练在短跑力量训练中占有很大的比重。跳跃练习分为两类，一类为垂直方向跳跃，另一类是水平方向跳跃。垂直方向跳跃练习包括原地纵跳、团身跳、分腿跳、原地单足跳、跳深、跳栏架等。水平方向跳跃练习包括短距离跳跃和长距离跳跃。其中：短距离跳跃包括立定跳远、立定三级至十级跳远、立定10~20级蛙跳、4~6步助跑三级跳、台阶跳跃、30~60米单足跳、60米计时跳；长距离跳跃包括100~300米跨步跳、跑与跳的结合，50米跑+100米跨跳，60米单足跳+30米加速跑。

垂直方向跳跃和短距离跳跃练习必须用最大力量完成。长距离跳跃练习用80%~90%的力量完成。垂直方向跳跃和短距离跳跃能迅速提高起动速度、加速跑能力和爆发力素质。长距离跳跃能提高力量耐力和速度耐力。

2. 速度训练

速度素质在短跑项目中具有主导作用。速度训练包括提高反应速度、动作速度和位移速度的训练。发展速度素质是一个复杂的过程，其中，肌肉力量和肌肉收缩速率训练是重点。

（1）速度训练。主要练习如下：

①提高反应速度和起动速度的练习。

②提高肌肉收缩速率和力量的练习。

③提高运动过程的协调与放松能力的练习。

（2）最大速度跑能力训练。主要练习如下：

①行进间跑，包括30~60米，3~4次×2~3组。

②短距离接力跑，包括2人×50米或4人×50米，3~4次×2~3组。

③短距离地追赶跑，包括60~100米，3~5次×3组。

④顺风跑或下坡跑，包括 30~60 米，3×4 次×4~3 组。

⑤短距离变速跑，包括 100~150 米（30 米快跑+20 米惯性跑+30 米快跑+20 米惯性跑）3 次×2~3 组。

（3）提高反应速度和加速跑能力的训练。主要练习如下：

①半蹲踞式姿势，听到枪声迅速向上跳起并触及高物。

②直立姿势开始，逐渐向前倾斜接着快速跑出。

③在 2°~3° 的斜坡跑道上，快速完成上坡或下坡加速跑练习，练习距离为 40~50 米。

④双手推滚球，接着起跑追赶滚动着的球的练习。

⑤双手向前上抛出球，接着跑出去追赶并接住球的练习。

3. 速度耐力训练

①各种距离的不同强度间歇跑。

②短距离变速跑（60 米快+60 米慢），或（100 米快+400 米慢）×8~10 次×2 组，或（100 米快+100 米慢+200 米快+200 米慢+300 米快+200 米慢）×3~4 组。

③不同距离组合跑（100 米+200 米+300 米+400 米+500 米）×2 组。

④递减间歇跑 200 米×10，间歇 5 分、4 分、3 分。

4. 柔韧性训练

①有支撑的前后左右大腿振摆练习。

②行进中做正踢腿、侧踢腿、内向、外绕腿、正压腿等。

③前后劈腿，左右劈腿。

④半背弓桥，全背弓桥。

⑤跪撑慢后倒，跪撑坐。

（二）专项技术训练

以下技术练习可以帮助运动员最大速度跑时保持正确的身体姿势和掌握动作技术。动作学习的一个重要原则是将技术练习与平时的技术运用相结合。

1. 学习"A"姿势

①一条腿站立在地面上。

②另一条腿尽量抬高，使脚跟尽可能靠近该侧的臀部（图 3-11）。

③抬高的这条腿的脚踝做背屈动作（脚趾向上勾起）。

④这个动作会使膝盖抬高到适当的高度。

⑤抬高腿对侧的手臂摆动至对应的位置。

⑥头部与脊柱保持在一条直线上。

⑦保持肩膀位于臀部的在上方。
⑧保持骨盆位于中立位。

图 3-11　学习"A"姿势

2. "A"技术练习

①在这个练习中，可以采用向前军步走、慢跑或跑三种方式。
②向前抬腿，使身体一侧形成"A"姿势（见图 3-12 至图 3-15）。
③在向前军步走、慢跑或跑的过程中，双腿交替形成"A"姿势。
④在形成"A"姿势时，脚趾向上（脚踝背屈动作），脚跟向上（脚跟抬至臀部高度），膝盖向上（因脚跟上抬而自动形成）。
⑤抬起的腿要高于支撑腿膝盖高度，脚踝在支撑腿的膝盖或高于膝盖的位置交叉迈过。
⑥每一步脚离开地面后，脚跟要立即向臀部靠拢，不要让脚向后踢。

图 3-12　"A"技术练习一

图 3-13 "A" 技术练习二

图 3-14 "A" 技术练习三

图 3-15 "A" 技术练习四

3. "B" 技术练习

①可以通过军步走、慢跑或跑来进行这个练习。

②开始动作与"A"技术练习相同。

③在摆动腿前抬到高点后,膝盖伸展,脚向前伸出(见图 3-16 至图 3-19)。

④在即将落地时,将脚拉回到身体质心下方。

⑤与"A"技术练习相同,脚跟离开地面后必须直接向臀部靠拢,而不能向后伸出。可以想象为,"迈过另一条腿的膝盖"。

⑥落地时脚掌接触地面。

图 3-16　"B"技术练习一

图 3-17　"B"技术练习二

图 3-18　"B"技术练习三

图 3-19 "B"技术练习四

这个练习可以激活髋关节的伸展,从而发展脚部向下的加速动作,它非常适合用于臀大肌和腘绳肌的专项强化。但是,如果腿后侧肌群酸痛,则要谨慎开展此项练习。

4. 原地动作循环练习

①原地单腿站立,站立腿同侧的手扶住固定结构保持身体稳定。

②从静态的"A"姿势开始动作练习。

③摆动腿的脚向前下方踏向地面,与"B"技术练习相同。

④脚掌着地后在水平方向摩擦地面,能听到"啪"的一声,脚掌只需蹭过身体下方地面。

⑤由于这个动作产生的动量会使脚离开地面后自动向臀部靠拢,膝盖上抬回到初始姿势。

⑥重复进行该动作练习。

⑦每次重复都以"A"姿势开始,并以"A"姿势结束。

⑧当脚离开地面时,应该直接向臀部靠拢,而不是向后踢出。

⑨始终保持脚趾向上勾起的姿势。

5. 摆髋走练习

这个练习可以强化髂腰肌力量,它是短跑屈髋动作涉及的主要肌肉。

①直立站在地面上。

②髋关节前摆,就像踢球一样向前踢脚。摆髋动作要简短而快速,该动作会让你向前移动约 30 厘米的距离。

③另一只腿继续进行摆髋走的动作。

④两条腿交替重复这个动作,身体向前行进。

通常该练习要前进大约 10 米的距离。

6. 加速跑练习

重复进行不同距离（最长 50 米）的加速跑练习，体会正确的加速技术动作。

①起跑时伸长手臂大幅度地摆动。
②身体的前倾角度随着每一步而减小。
③跑动中保持脚趾向上，脚跟向上，膝盖向上。
④髋关节大幅度地摆动。
⑤抬起的脚在支撑腿的膝盖高度上迈过。
⑥确保脚掌落地的位置处于身体下方。
⑦脚掌落地。
⑧手臂的摆动与对侧腿的动作要保持平衡。
⑨加速完成后，身体保持竖直姿势，避免身体向前或向后倾斜。
⑩保持骨盆位于居中位置（骨盆没有前倾）。

（三）加速跑练习

1. 加速梯练习

设置软梯，使每格长度逐渐增加，运动员从起跑器上出发跑上软梯，并逐渐增加步长，每步增加 15 厘米。这个练习的重点在于逐渐增加速度和步幅长度，改变身体角度和手臂的摆动动作。这个练习是学习增加步幅长度的绝佳手段。间歇十分重要，重复练习 10 到 15 次，在两次重复之间休息 3 分钟。

2. 起跑器出发的 20 米加速跑练习

从起跑器上起跑，进行 20 米加速跑练习。一组 5 次，练习 2~5 组。次间间歇 3 分钟，组间间歇 6 分钟。总量为 200~500 米。

3. 起跑器出发或前倾式起跑的 30 米加速跑练习

从起跑器上起跑，或者采用三点前倾式起跑，进行 30 米加速跑练习。一组 5 次，练习 2~4 组。次间间歇 3 分钟，组间间歇 7 分钟。总量为 300~600 米。

4. 起跑器出发的 50 米加速跑练习

从起跑器上起跑，进行 50 米加速跑练习。一组 3 次，练习 2~3 组。次间间歇 4 分钟，组间间歇 7 分钟。总量为 300~450 米。这是一个强度非常高的训练。

（四）最大速度跑训练

1. 15 米加速+20 米最大速度跑练习

使用 15 米的距离进行加速，速度建立起来后以最大速度跑 20 米。每组 5 次，练习 3~4 组，只计 20 米最大速度跑时间。次间间歇 3 分钟，组间间歇 6

分钟。总量为 300~400 米。

2. 40~60 米跑练习

进行 40~60 米全力跑练习。每组 5 次，练习 2~5 组。次间间歇 4 分钟，组间间歇 8 分钟。总量为 400~1 500 米。

3. 变速跑模式一

进行不同速度变换的跑的练习：15 米的加速跑，10 米的最大速度跑，15 米的高速放松跑，10 米的最大速度跑和 20 米的高速放松跑。每组 3 次，练习 2~4 组。次间间歇 4 分钟，组间间歇 8 分钟。总量为 420~840 米。

4. 变速跑模式二

进行不同速度变换的技术练习：20 米加速跑，10 米最大速度跑，15 米高速放松跑，10 米最大速度跑，15 米高速放松跑，10 米最大速度跑。每组 3 次，练习 2~3 组。次间间歇 5 分钟，组间间歇 10 分钟。一次课练习总距离为 480~720 米。

第四节　短跑训练应注意的问题

一、短跑训练的原则

短跑训练应注重各项身体素质的平衡。除了必须进行的与速度相关的技术训练之外，各种类型的力量、爆发力、柔韧、灵活性以及能力的训练，对短跑比赛中的表现也是至关重要的。教练员应该考虑关于速度和爆发力项目运动员发展各项运动能力的训练设计。

速度的发展应该循序渐进。要想在比赛中跑得快，运动员在训练中也要跑得快。每个提高速度的计划在训练初期都应该关注加速技术的建立，除非运动员已经掌握了如何正确地构建加速模式，否则教练员不应期望运动员具有良好的高速跑技术。年度训练计划中的绝大多数时间都涉及加速和高速跑技术的训练，这些训练应该在发展速度耐力的训练之前进行。如果速度耐力训练过早进行，那么运动员的最大速度能力很可能会受到负面的影响。

短跑是一种技术性要求非常高的项目，因此在日常训练中必须时刻强调运用正确的姿势、保持髋部的大幅摆动和掌握正确的短跑技术。只有不断重复专项技术、动作练习，才会建立起正确的发力顺序和神经肌肉模式。

运动员应该逐步掌握以下四种起跑技术，它们是包括起跑的良好加速过程的一个组成部分：一是前倾式起跑；二是三点蹲踞式起跑；三是四点蹲踞式起跑，不用起跑器；四是四点蹲踞式起跑，用起跑器。

虽然短跑的起跑存在正确的技术模式，但每个运动员的力量和技术水平各都不相同，当达到一个适当的力量水平时，运动员可能需要对起跑技术进行适当的调整。

二、专项技术的考虑因素

在 100 米跑项目的训练中，速度耐力训练的比例是较低的，因为供能系统的作用不像对较长距离的短跑项目那么重要。在 100 米跑比赛中，疲劳更多的是指神经疲劳，而不是代谢疲劳。协调性的降低主要出现在效率较差的加速过程中。在 100 米跑比赛中，最初的 20 米内会达到最大速度的 80%，到 30 米时，运动员的速度已超过最大速度的 90%。掌握正确加速模式的运动员会持续加速 50~60 米。在这个阶段，不稳定地发力是导致神经疲劳的主要原因。在训练中应该安排大量的加速技术和最大速度技术练习。完成了足够的加速技术和最大速度技术练习之后，可以开始引入速度耐力训练。短跑项目运动员常犯的错误之一就是过早地进行速度耐力训练。

三、短跑训练注意事项

（一）练习直道途中跑技术应注意的问题
①在途中跑训练中，要始终强调上肢与下肢协调配合。
②体会自然放松的技术和大步幅技术。
③随着技术的不断改进和完善，逐步加快跑速，延长跑的距离。
（二）学习蹲踞式起跑和起跑后加速跑技术应注意的问题
①应依据个人特点，不断调整起跑器的位置和抵足板的角度，使双脚对抵足板产生压力。
②学习开始阶段，由于技术不熟练，不应过分强调身体前倾，以免摔倒或影响起跑后加速跑动作的连贯性。
③学习起跑技术初期应以单个练习为主，听枪声集体起跑练习应放在掌握技术后或教学的后期进行。
（三）学习终点跑技术应注意的问题
①终点撞线时，不能跳起撞。
②跑过终点后，随惯性逐渐减速，以免发生伤害事故。
③多人成组练习撞线时，要把跑速相近的编在同一组，以提高训练效果。
（四）改进和提高全程跑技术应注意的问题
①改进和提高全程跑技术，要求各部分技术衔接得连贯自然。
②采用接近全力跑的练习方法，切忌过分紧张。

参考文献

[1] 李老民，李铁录，王林，等．田径运动教程［M］．北京：北京体育大学出版社，2008：414．

[2] 吴永海．田径训练实用手册［M］．北京：国家行政学院出版社，2012．

[3] 李爱国．田径运动教学研究［M］．武汉：武汉大学出版社，2017．

[4] 美国田径协会．美国田径协会田径训练教学指导［M］．弗里曼，主编．李志宇，译．北京：人民邮电出版社，2020．

[5] 孙男．现代田径训练高级教程［M］．北京：北京体育大学出版社，2010．

[6] 徐茂典，吴雪山．短跑途中跑支撑阶段摆动腿某些运动学特征研究［J］．北京体育大学报，2003（1）：122-123．

[7] 李继辉．短跑运动员终点撞线技术的比较分析［J］．沈阳体育学院学报，2004，(5)：674-677．

[8] 吴东州．从2015年北京田径世锦赛中对苏炳添短跑技术特征分析［D］．哈尔滨：哈尔滨体育学院，2017．

第四章　全能运动员的中长跑训练

中长跑大约有 100 多年的历史，它是中距离跑和长距离跑的合称。中距离跑的项目包括 800 米跑、1 500 米跑和 3 000 米跑，长距离跑项目包括 5 000 米跑和 10 000 米跑。对于全能项目而言，中长跑指的是男子 1 500 米和女子 800 米跑。全能运动员的中长跑项目分别是男子十项全能的 1 500 米跑和女子七项全能的 800 米跑，这两个项目的比赛也是男女全能项目比赛的最后一项。全能运动员要想创造最佳成绩、争夺好的比赛名次，在最后一项 1 500 米或 800 米比赛中就要发挥平时中长跑训练的最高水平，并采取合理的战术。1 500 米跑和 800 米跑对全能运动员的作用绝不低于其他九个或六个单项。因此，在全能运动员的整体训练和比赛中，要对中长跑项目给予较高的重视，在训练和比赛中，教练员也要对全能运动员的意志品质和拼搏精神进行引导和进行良好习惯的培养。

第一节　中长跑技术和专门性练习

目前，我国男子十项全能运动员和女子七项全能运动员各单项发展水平不均衡，突出反映出运动员偏项现象严重，800 米跑、1 500 米跑水平普遍低，需要提高 800 米跑、1 500 米跑在女子七项全能和男子十项全能中的重视程度。在人才选拔环节，应注意选拔身体条件好，身体素质好，速度、最大力量、爆发力和耐力都比较突出的运动员，并适当增加 800 米跑或 1 500 米跑的训练课次，加强基础耐力训练，改进中长跑技术，同时提高全能运动员中长跑训练课的质量。

一、中长跑技术

虽然中长跑的技术比较简单，但要使运动员形成完整的技术并非容易的事。运动员在中长跑的训练和比赛中，正确地掌握技术和合理地分配体力是非常重要的。全能运动员要掌握中长跑技术，就要在训练时使身体重心位移平稳，动作经济、实效、轻松、自然，并保持良好的节奏，尽量提高肌肉用力和放松交替的能力，既讲究动作效果，又注重节省体力。高步频、积极有效的伸髋和快速有力的摆动动作，是中长跑技术的主要特点。其中，主要技术可由起跑、起跑后的加速跑、途中跑、终点跑几个部分构成。

（一）起跑

男子1 500米采用不分道起跑，女子800米采用分道起跑，运动员采用低姿站立式起跑技术。低姿站立式起跑的动作要领是：两脚前后站立，前腿的脚紧靠起跑线后沿，前脚跟和后脚尖之间的距离为一脚到一脚半，两脚左右的间隔约半脚长，重心落在前脚上，后脚用前脚掌支撑站立，两腿弯曲，上体前倾，前脚的异侧臂自然弯曲在体前，同侧臂在体侧自然后伸；头部自然与躯干保持在一条直线上，眼向前看3~5米处，身体保持稳定姿势，静候枪声。

发令都为两声令："各就位"和"枪声"。为避免压线和抢跑，在听到"各就位"指令之前，运动员应在起跑线后一定距离等待发令；听到"各就位"口令后，先做一两次深呼吸，然后走或慢跑到起跑线后。

（二）起跑后的加速跑

加速跑时，要求上体前倾较大，腿臂蹬摆动作积极有力，逐渐加大步长和加快速度，按切线方向朝着有利位置跑进，然后进入有节奏的途中跑。

（三）途中跑

途中跑的距离最长，是中长跑的主要部分，也是决定中长跑运动成绩的主要环节。途中跑时应强调轻松、省力、节奏好（见图4-1）。

图4-1 中长跑的途中跑技术

1. 摆臂

摆臂时要求屈肘，双手半握拳，以肩为轴前后摆动，肩部肌肉尽量放松。向前时稍向内并带动同侧肩稍向前，前摆和后摆至最大幅度时肘关节的角度大约都在90°左右。上体应保持正直或稍向前倾，摆臂动作应和上体及腿部动作协调一致。正确的摆臂有助于维持身体平衡，并可起到调节步长、步频和跑的节奏的作用。

2. 摆腿

为了减少着地时产生的阻力，应以"扒地"式的着地方法将脚落在离身体重心投影点较近的地方。前脚掌着地时，着地腿的膝关节是稍微弯曲的，脚跟和膝关节几乎在一条垂线上。脚着地后，小腿后侧肌群和大腿前侧肌群应积极而协调地退让，以减缓着地的制动力，并为后蹬创造有利条件。在缓冲的过程中，应迅速屈踝、屈膝和屈髋，其中，屈膝关节是起主导作用的。

当身体重心移过支撑点以后，一腿开始后蹬，同时另一腿开始前摆的动作。这时，摆动腿膝关节迅速有力地向前上方摆出，带动同侧骨盆前送，支撑腿快速有力地伸髋、伸膝、伸踝关节，最后通过脚掌过渡到脚趾蹬离地面，形成摆动腿与支撑腿的协调配合。后蹬结束时，后蹬腿的膝关节不是完全伸直的，其角度在160°~170°，蹬伸结束后应快速向前摆腿。

后蹬腿蹬离地面后，人体进入腾空阶段，此时大腿迅速向前摆出，小腿顺惯性自然摆起向大腿靠拢，摆至支撑点垂直上方时，形成大小腿折叠的姿势。然后，大腿继续向前上方摆动。脚着地前，摆动腿大腿积极下压，小腿顺势前摆，为完成"扒地"式的着地动作做积极准备。

脚着地时用前脚掌或前脚掌外侧先着地，然后过渡到全脚掌着地。着地时脚尖应正对跑进的方向，不应偏高。大小腿的充分折叠缩短了摆动半径，不仅能加快摆动的角速度，同时使大腿前摆省力。在跑的过程中，运动员还要学会放松跑的技术，以便完成长时间的工作。

(四) 终点跑

终点跑是全程结束前最后一段距离的冲刺跑。冲刺的距离要根据比赛的项目、个人的特点和战术需要来确定。一般情况下，800米跑在最后150~200米处开始冲刺，1 500米跑可在最后250~300米处开始冲刺，3 000米跑以上项目可在最后200~600米处开始逐渐加速过渡到冲刺跑。冲刺跑时运动员应适当加大躯干前倾的角度，手臂用力前后摆动，主动加大摆臂的幅度，加快摆臂的频率，这样有助于加大下肢的动作幅度和频率，动员全部力量，以顽强的毅力冲向终点。

1. 速度节奏

现代优秀中长跑运动员的技术特点，是在保证最佳步长基础上展现高频率、快节奏、重心波差小、重心平稳、放松省力的技术动作。在比赛的全过程中，突出表现为频率快、节奏明显，可称为速度节奏。根据这一特点，在教学训练当中，应早抓、抓好完整技术教学训练，以及上下肢的用力顺序等。在完成技术动作的过程中，要抓好速度节奏。虽然中长跑项目的基础是耐力，但用什么速度跑是个关键问题。年轻运动员扎扎实实地抓好速度节奏化技术，就会逐步形成和达到优秀中长跑运动员所具备的长时间高频率、快节奏的奔跑能力，为进入成年时期创造更优异的成绩打下良好的专项速度基础。中长跑运动员在比赛过程中，如果跑的节奏被打乱，会造成心理紧张，使体力消耗加大，对提高成绩失去信心，甚至想中途退出比赛；中长跑运动员对速度感掌握的程度，直接影响其成绩，速度感是运动员比赛时对空间和时间的感受能力。在中长跑运动员训练中，培养对跑速的判断辨别能力是非常重要的。它能使运动员在训练中较好地完成训练计划，在比赛中正确合理地分配体力，使赛前制定的战术得以有效实施，尤其是在运动员实力相当的情况下，速度感觉好的运动员在比赛中常会取得主动权。因此，速度节奏化至关重要，在训练中，我们要求运动员逐步建立自己全程跑每圈的"速度感"，在不同距离分别用什么速度跑是比赛取得好成绩的保障。

2. 呼吸

中长跑时，运动员为了改善气体交换和血液循环的条件，满足所需要的通气量，需要掌握正确的呼吸方法和节奏。呼吸的节奏应与跑的节奏相结合，一般是两步一呼，两步一吸，三步一呼，三步一吸，或者一步一呼，一步一吸。无论采用哪种呼吸方法，都要注意呼吸深度，充分的呼气才能保证充分的吸气。

二、技术专门练习方法

（一）跑的专门性练习

1. 原地进行两臂前后摆动练习

要求动作协调、连贯、柔和、不剧烈。练习时，可根据口令或击掌节奏摆臂，每次练习大约60秒，重复3~5次。摆臂节奏以中速为主，配合以较快的摆臂速度。

2. 原地摆臂与腰部扭动配合练习

原地进行两臂前后摆动，腰髋发力沿垂直轴扭转。右臂向前摆动时，则右髋向右后扭转，即同侧做自然的反向运动。

3. 高抬腿走，20~30米

两腿交替做高抬腿动作，要求以髋带动大腿及小腿，重心保持在较高的位置上以中等节奏高抬腿走，动作幅度中等，自然协调。

4. 高抬腿跑，20~50米

采取由高抬腿走过渡或直接做高抬腿跑的方法。要求与高抬腿走相同，注意蹬地腿伸展时要蹬离地面。

5. 小步跑，20~30米

进行踝关节和前脚掌交替蹬伸的步幅较小的跑步练习。要求动作放松，大腿下压，脚掌向后扒地。

6. 车轮跑，20~50米

进行两腿交换蹬摆，充分折叠后快速鞭打摆动的跑动练习。车轮跑是掌握途中跑摆动腿积极地折叠摆腿和快速下压扒地技术的辅助练习。要求动作连贯柔和。

7. 后蹬跑，20~50米

强调蹬地腿的蹬伸动作，后蹬时按髋、膝、踝的顺序有力伸展，以强化后蹬时的肌肉感觉。要求一腿积极前摆，另一腿充分蹬伸后，在体后稍作停留。

8. 腿部摆动鞭打练习，20~30米

大腿高抬后下压，小腿随惯性向前摆出，并鞭打扒地，以体会途中跑摆动腿的摆动及落地动作。要求动作连贯似鞭打，动作幅度大且自然协调。

9. 折叠摆腿，20~30米

摆腿的脚跟快速向臀部靠拢，随大腿积极前摆高抬，并快速下压连续摆动。要求体会途中跑摆动腿的快速折叠摆腿技术。连续练习时，摆动速度由慢至快，同时应特别注意膝关节放松。

10. 折叠跑，20~30米

进行摆动腿的大小腿积极折叠前摆的跑动练习。要求体会和掌握途中跑摆动腿前摆时大小腿的折叠动作。

进行以上跑的专门练习时，都要逐渐过渡到加速跑。例如，从高抬腿跑开始逐渐过渡到跑的练习，可以强化跑进中摆动腿的高抬动作。

11. 加速跑，加速跑30米+惯性跑20米+慢跑10米

要求加速跑时注意跑的技术，惯性跑时注意跑得放松、自然。

(二) 着地缓冲练习

①由前脚掌过渡到脚尖或由脚跟滚动过渡到脚尖的慢步走，然后接快步走30~40米。

②小步跑接前脚掌滚动的加速跑，练习30~40米。

③脚跟着地滚动到前脚掌的快步走接加速跑，练习30~60米。

④小幅度车轮跑接快速下压的加速跑，练习30~60米。

⑤用前脚掌着地缓冲滚动至脚尖或用脚跟着地缓冲滚动至脚尖的加速跑，练习60~150米。

(三) 腿的正确动作练习

1. 着地支撑及蹬伸动作

首先采用慢速的积极落地，支撑时迅速向前移动重心，按髋、膝、踝三

个关节的用力顺序充分伸展做蹬地跑,然后以中速和高速进行以上练习。可以进行 80 米～100 米的反复跑,也可以做后蹬跑过渡到跑的练习,如后蹬跑 30～60 米,接加速跑 60～100 米。

练习时要前脚掌先着地,着地动作要用力下压和扒地,蹬地时要以大肌肉群为发力点,重心前移要与发力同步。

2. 折叠前摆技术

以原地摆腿练习为基础,慢速摆腿,膝盖优先,以大腿带动小腿,大小腿自然折叠做跑动练习。随着动作熟练程度的增加,逐渐加快跑的速度(由中速到高速),练习时可采用 80～100 米的反复跑。练习时摆腿要放松,要有鞭打动作;后蹬动作完成后进行摆动时,小腿不能后撩,小腿与大腿只能随惯性自然折叠,由大腿带动小腿向前摆动;当身体处于支撑垂直阶段时,摆动腿的膝关节要低于支撑腿的膝关节,骨盆明显向摆动腿一侧倾斜。

(四) 途中跑技术练习

在进行完整的途中跑技术教学时,应特别强调身体各部位动作的协调配合,注重跑步的整体性,跑的距离不断增加,跑的方式也应根据不同情况采取不同的练习方式和手段。应以场地跑为主,适当配合越野跑和公路跑;在安排速度时,应以中速为主,中、快速相结合。完整技术教学的专项练习主要有以下几种:

1. 间歇跑

以相等距离或不等距离进行练习,严格控制间歇时间、间歇方式、跑的强度和重复次数,以提高专项耐力。间歇跑的强度一般为最高强度的 90%,通常用心率来控制强度。例如,当练习者的最高心率为每分钟 200 次时,练习时的心率则应控制在每分钟 180 次左右,间歇过程当心率恢复到 130 次每分钟时,重新开始上述强度的训练。

总之,间歇跑是采用中高等强度在间歇不充分的条件下重复进行的练习。间歇跑每次重复练习的强度和距离根据实际情况可以有所变化。

2. 重复跑

这种练习方法要求跑的速度快,每次练习的间歇要在身体基本恢复之后再开始下一次练习。全能中的中跑多采用 400 米、600 米、800 米、1 000 米、1 200 米相等或不等距离的分段跑,练习时的重复次数不宜太多,一般为 2～5 次。同时,重复次数及跑的速度要根据运动员的具体情况逐渐提高。

3. 变速跑

变速跑是指在一定距离内变换速度进行跑的练习,可以发展一般耐力和专项耐力,以培养运动员的速度感和节奏感。快跑和慢跑的速度都应根据练习任务而定，在距离上可采取快跑与慢跑相等的距离，如采用 100 米快跑+100 米慢跑、200 米快跑+200 米慢跑，重复 6~10 组；或采用不等距离的快、慢跑，如采用 400 米快跑+200 米慢跑或 400 米快跑+100 米慢跑等，重复 6~10 组。快跑时的心率指标可达 160~180 次/分，变速跑时应注意上下肢动作的用力与放松，以及呼吸与步幅的协调一致。

4. 持续跑

持续跑的特点是距离长，是匀速的跑步练习，通过此方式可提高耐力水平及有氧训练水平。

练习持续跑的目的是体会中长跑的完整技术。通常采用强度不大、速度相对稳定和持续时间较长的练习方式。其主要特点是跑速均匀，用力适中，动作连贯、柔和、协调放松。持续跑练习应在平坦的地面或田径场跑道进行，呼吸要均匀、有节奏，一般采用两步一呼、两步一吸的呼吸方式。跑较长距离时，应特别注意加大呼吸深度，练习时的心率应控制在每分钟 150~160 次。跑的距离或时间要根据教学项目和运动员的水平而定。采用持续跑的教法手段应强调跑的技术正确、省力。

第二节　中长跑的训练要点

一、800 米跑训练

女子七项全能运动比赛的最后一个项目是 800 米跑，该项目是决定运动员最终成绩的关键项目。800 米跑是一个对速度要求非常高的耐力项目，同时也是一个对技战术要求较高的项目。在训练中，800 米跑项目运动员必须打造坚实的有氧耐力基础和最大摄氧量水平。无氧供能系统也同样很重要，因为无氧代谢供能所占比例很大，同时伴随着较高的血液酸性水平，因此必须发展乳酸耐受能力。在大周期训练初期，应安排较短恢复时间的间歇训练，到了训练年度的后期开展重复训练，达到提高乳酸耐受能力的训练目的。加速度、力量、爆发力和灵活性等都是在 800 米比赛中获得最佳表现所必需的运动素质。

二、1 500 米跑训练

男子十项全能运动项目的 1 500 米跑比赛同样是决定运动员最终成绩的关键，其训练的重要性不容忽视。1 500 米跑对有氧和无氧供能系统都有着极大的要求，其中有氧代谢能力比 800 米跑更为重要，因此，发展最大摄氧量能力是必不可少的。糖原储备水平是该项目比赛的一个重要影响因素，因此，乳酸阈训练也处于同样重要地位。同 800 米跑比赛一样，1 500 米跑项目的乳酸耐受能力起着决定性作用，应该在训练年度的早期通过间歇训练，在训练年度的后期通过重复训练使之强化。1 500 米跑项目的全程跑运动量通常比 800 米跑多 25%，根据运动员的不同需要可能还要多出更长距离，多出来的这一距离训练量常通过有氧阈训练来完成。

全能运动员 1 500 米跑或 800 米跑的训练对全能运动员的刺激比较强烈，对心肺和循环系统的影响更加明显，在训练时需要运动员有积极的心理准备，训练中要特别强调意志力的作用。全能运动员耐力训练的重点是由基础训练阶段的有氧耐力训练转向无氧耐力训练，但有氧耐力训练仍然是全能运动员训练的基础，需要在保证耐力训练的同时强化中长跑的技术，以此提高运动员在 1 500 米跑和 800 米跑比赛中的成绩。中长跑的技术动作要经过周期性反复练习才能完成动作固定，运动员要承受项目的单调性和枯燥性。全能运动员不可能有很多的时间进行更多的中长跑技术训练，为提高全能运动员的中长跑训练效果，教练员和运动员要在训练中掌握以下要点。

（一）中跑技术与发展耐力相结合

中长跑技术的要点是放松和跑得快，一般表现为通过训练和比赛提高中长跑成绩。因此，在训练时要围绕这个目标来进行，在提高中长跑技术的同时，提高心肺功能、生理、生化功能，这样才能激发运动员的最大潜能。与其他项目的训练相比，中长跑的训练因素较多，教练员在训练中绝不能只为掌握技术而忽视运动员的耐力基础训练。

（二）中长跑技术训练应以完整分解技术为主，掌握协调放松的跑步技术

中长跑技术具有结构简单、强度相对较低、运动时间长的特点，这为运动员改进某个环节的动作提供了条件，所以在训练初期首先要让运动员建立正确的完整技术概念。在完整跑步技术的训练中，一定要注重四肢的协调配合，注重蹬摆的有机结合，注重送髋动作完成的合理程度，注重步长、步频的最佳配合，注重运动员身体重心位置移动平稳，整体动作放松、连贯、节奏明显等。此外，根据运动员训练的需要，在适宜的时候采用强调某一技术环节的专门练习。训练中，抓住跑的协调放松这个重要环节，主要是抓住运动员在跑步时的发力点、肌肉有序的用力过程，以及用力的程度、动作的方向、幅度、速度等，也要注意运动员的柔韧性练习和在运动中的身体感知。

（三）采用辅助练习手段，突出技术难点，纠正错误动作

在技术训练实践中，有时一个简单的错误动作非常难纠正，这时就需要运动员采用一些专门的练习手段和分解练习，如为了改进摆动腿折叠不紧的

错误技术，可以重点练习后折叠跑，也可加阻力进行专门的折叠摆腿练习，做完这些练习后，立即组合到完整的技术中。这种以分解练习或辅助练习转换到完整技术训练的方法，在技术训练实践中会收到很好的效果。

（四）中长跑运动员要重视身体素质训练

中长跑运动员如果过多地追求加大跑的负荷量而忽视与专门身体素质训练的结合，会在达到一定水平后，在身体素质能力的制约下，出现运动能力改善的停止或者下降，专项运动成绩也会出现波动。

第三节 中长跑训练应注意的问题

实践中，中长跑运动员想要达到很高的竞技水平，掌握正确跑的技术就显得尤为重要，那种认为跑的能力强就能弥补技术不足，就能使运动员取得很好成绩的观念已经被现代体育科学证伪。因此，在中长跑训练中，以下问题必须引起教练员和运动员重视。

一、注意专项体能的素质训练

中长跑运动员专项体能中的身体素质训练内容主要包括柔韧素质、力量素质、速度及速度耐力素质和有氧耐力素质等训练。中长跑体能训练应运用先进有效的训练方法和手段，密切关注新的体能训练手段和方法的传播与应用，以便在实践中不断创新和运用新的训练方法与手段。

二、注意跑的技术训练

中长跑技术训练主要是在大量跑的练习中进行的，运动员要学会在跑的途中尽量节省体力，适宜地发挥身体素质的作用。另外，还可以根据运动员的技术情况，利用各种跑的专门练习，如着地缓冲、蹬伸、折叠前摆等改进技术。全能运动员必须建立正确的中长跑技术的概念，明确所要学习和掌握的中长跑技术各个环节、动作的要领，动作运行的路线时机等。通常学习和改进中长跑关键技术要安排在运动员体能充沛时及主要训练内容的前半部分进行。改进和学习某一新技术时，运动员会感到不自然，甚至运动成绩有所下降，但是如果长时间坚持，不习惯将会变成习惯。改进和学习新技术时，教练员应多给运动员语言刺激，让运动员多观察、多比较。在运动员改进技术错误动作的过程中会出现技术动作的反复，教练员和运动员对此应有耐心。

三、注意心理的训练

中长跑对运动员心理素质的要求很高，运动员要在比赛中正常发挥自己的体力和技术，获得良好成绩，就必须考虑如何运用战术心理。

（一）日常心理训练

中长跑运动员的日常心理训练内容主要包括欲望、动机、注意力和良好的训练态度等。运动员良好的训练态度反映在三个方面：一是对运动量的态度；二是对训练制度、平时管理的态度；三是对造成紧张的态度。

（二）技术心理训练

技术训练的动作结构和动作顺序都包含心理因素。例如，优秀运动员进行技术示范时，要求跑的技术合理，动作协调，示范内容包括分解动作示范、完整动作示范和冲刺阶段的表演。总之，要使自己增强自信心，加强心理稳定性。

（三）临赛前的心理训练

必须按规定时间跑完每圈，并超时间跑完全程。放下包袱，正确对待自己的实力，实事求是地看待对手。

四、注意战术的训练

合理的战术运用对中长跑运动员在比赛中获得好成绩具有重要作用。在训练中应该重视运动员战术意识的培养。运动员不但要学会各种战术，还要懂得在比赛中如何运用各种战术，以适应和应付比赛中的各种变化。

五、注意训练的合理安排

较高水平的全能运动员进行的 1 500 米跑和 800 米跑的专项技术训练也可适当放在大运动量训练后进行，技术训练在整个训练过程中要有计划、有目的的系统安排。技术训练的手段应同跑的技术结构相一致。中长跑技术训练的效果，还要结合运动员专项身体素质水平来进行评估。

六、注意恢复训练

在田径运动中，中长跑的训练量较大，应注意训练后的放松，包括肌肉系统功能的恢复、心血管系统功能的恢复、物质能量恢复、神经系统功能的恢复。再生与恢复通常采用软组织放松、拉伸、按摩、理疗、冷热水浴、营养补充、音乐、睡眠等手段。

参考文献

[1] 王明立，张玉超. 对 1 500m 跑在十项全能比赛中重要性问题的探讨 [J]. 中国体育科技，2003，39（10）：4.

［2］易军，张庆建．新编田径教程［M］．北京：线装书局，2011．

［3］李鸿江．田径［M］．北京：高等教育出版社，2018．

［4］李晓东，谭智平．现代中长跑运动科学训练方法［M］．长沙：湖南人民出版社，2008．

［5］美国田径协会．美国田径协会田径训练教学指导［M］．弗里曼，主编．李志宇，译．北京：人民邮电出版社，2020．

第五章　全能运动员跳跃项目技术与训练特点

全能跳跃项目包括跳远、跳高和撑杆跳高三个，其代谢特点、助跑和起跳技术具有极高的相似性，但是每个跳跃项目的空中技术结构、动作环节和用力特点存在很大的差异性。对于全能运动员来说，跳跃技术是训练的技术重点，男子十项全能有跳远、跳高和撑杆跳高三个单项的比赛，女子七项全能有跳高、跳远两个单项的比赛。跳跃项目的成绩越好，分数就越高，因此要求全能运动员在跳跃项目上必须达到很高的水平。

掌握三个跳跃项目的技术结构和肌肉用力特点至关重要，它对身体素质训练具有指导作用。

第一节　跳远技术与训练要点

一、跳远技术与专门性练习方法

（一）跳远技术

1. 助跑

跳远的助跑速度与跳远成绩密切相关，跳远助跑的任务就是获得更快的水平速度，并为准确踏板和快而有力的起跳做准备。

（1）助跑的方法。跳远运动员的助跑加速方式有两种：平稳加速方式和积极加速方式。

①平稳加速方式。平稳加速的跑法与加速跑基本相同，其特点是开始阶段步频较慢，然后在逐渐加大步长或保持步长的基础上提高步频。助跑最后几步应保持步长，提高步频。平稳加速方式的加速时间较长，加速过程是逐渐、均匀而平稳地进行的，因此，跑的动作轻松、自然。

②积极加速方式。积极加速助跑的特点是步频始终保持在较高水平上，能够较早地摆脱静止状态并获得较高的助跑速度。积极加速的跑法是助跑开始几步的步长较短，步频较快，上体前倾度也较大。这种助跑方式适合于绝对速度比较快的运动员。

掌握正确的助跑方法是准确踏上起跳板的基础。助跑的准确性取决于整个助跑和最后几步的稳定性。而这种稳定性与运动员对变化的外界条件和个体心理机能状态的正确估量与判断有直接关系。

助跑时，为给准确的踏板创造条件，应注意以下几个方面：

第一，固定起跑姿势、加速方式和助跑的节奏。起跑后第一步的步幅和节奏对助跑的稳定性和准确性至关重要，应准确把握。

第二，正确设置助跑标志。为了使助跑更加稳定和准确，可在助跑途中设置标志。标志不宜设置过多，以免分散注意力，影响助跑的连贯性。设置标志为的是使助跑准确，使起跳有信心，提高助跑速度，或是在维持速度中进入起跳。

第三，对已确定的助跑距离，要根据变化的外界条件，如风力、风向、气温、助跑道的质地、比赛时间，并结合自身状态，反复进行助跑检查和调整，保证在比赛时准确地踏板。

（2）助跑的距离。助跑距离的长短与运动员跑的能力有关。运动员跑的最高速度出现较晚，所以其助跑距离较长。据统计，100米跑成绩为12秒的女运动员的最高速度平均约在35.5米处出现，而优秀男运动员100米跑最高速度约在50米左右出现。跳远运动员的助跑最高速度，由于受起跳板等条件影响，很难达到本人100米最高速度，一般为本人最高速度的95%左右。因此，100米跑12秒的女运动员，助跑距离约为35米左右；优秀男运动员的助跑距离约为40~50米。鲍威尔的助跑距离为50.64米（22步），刘易斯的助跑距离为51.3米（23步）。

跳远的助跑距离并不是固定不变的，它因比赛时外界条件的变化及身体状态的不同而有所改变，并且随着运动员自身能力的提高而变化。

（3）最后几步的助跑技术和步长，以及起跳的准备。

①最后几步的助跑技术。跳远最后几步助跑是整个助跑技术的关键。在最后几步助跑时，既要保持和发挥最高速度，又要为起跳做好充分准备。因此，在最后几步助跑中，优秀运动员都具有各自的技术特点。

优秀运动员最后几步的助跑技术主要表现为两种技术特征：一种是最后几步的步长相对缩短，步频明显加快，形成一种快速进入起跳的助跑技术节奏；另一种是在步长相对稳定的情况下，加快步频，形成快速上板的技术特征。目前，世界优秀运动员大都采用后一种跑法。这种助跑技术有利于保持和发挥最高助跑速度，最后几步呈加速状态，使助跑和起跳的衔接更加紧密。鲍威尔和刘易斯在1991年东京第3届世界锦标赛上创造世界纪录和最高成绩时，均表现出最后几步加速上板的特点。

②最后几步的步长。传统理论认为，助跑最后几步的步长应为中、大、小，即倒数第三步的步长为中，倒数第二步为大，最后一步为小。例如，鲍威尔跳 8.95 米时，最后四步的步长分别为 2.36 米、2.42 米、2.52 米和 2.25 米；刘易斯跳 8.91 米时，最后四步的步长分别为 2.63 米、2.50 米、2.67 米和 2.39 米。实践表明，优秀运动员助跑最后几步的步长，与运动员的身体机能特点和助跑技术特点有密切关系，且存在明显的个体差异。例如，比蒙在创造 8.90 米的世界纪录时，其最后两步的步长分别为 2.40 米和 2.57 米，最后一步步长最大，而有些运动员的最后几步步长几乎没有变化。因此，最后几步的步长要体现运动员的特点，不能强求用统一的模式去完成最后几步助跑。

③起跳的准备。助跑的最后几步为起跳的准备阶段，是进行快速起跳非常重要的阶段。为了完成理想的起跳技术，此时，身体重心适度地下降，以便为起跳做充分准备。如果把助跑倒数第三步离地时身体重心高度作为 100% 的话，倒数第二步下降约为 7%，最后一步起跳脚着地时则下降为 10%。

2. 起跳

起跳时，应充分利用助跑所获得的速度，在较短的时间内创造尽可能大的腾起初速度和适宜的腾起角。

起跳技术分为三个动作阶段：起跳脚着地、缓冲和蹬伸。

（1）起跳脚着地（着板）。起跳脚应积极、主动地着地。这既可减少着地时的冲撞力，又可为着地后快速前移身体做准备。起跳脚着地时，足跟与足掌几乎同时接触地面。着地瞬间，上体与地面的夹角为 90°～107°。小腿与地面夹角约为 65°，膝关节弯曲角度 175°～178°。

（2）缓冲。起跳脚着地至膝关节的弯曲程度最大时，这一动作过程为缓冲阶段。缓冲的作用主要在于减缓起跳的制动力，减少助跑速度的损失，积极前移身体，为蹬伸创造有利条件。

优秀运动员起跳缓冲时的膝关节弯曲角度为 138°～145°。研究结果表明，随着训练水平的提高和起跳技术的完善，起跳缓冲时，膝关节的弯曲度趋于减小。起跳时，膝关节的弯曲度越大，起跳时间也就越长，这不利于完成爆发式的蹬伸动作。因此，要提高起跳效果，增大腾起初速度，首先要提高缓冲效果。

（3）蹬伸。蹬伸阶段由起跳腿膝关节最大弯曲时始，至起跳脚蹬离地面瞬间止。

起跳蹬伸时，整个身体快速向上伸展，起跳腿的髋、膝、踝各关节要充分伸展。上体和头部保持正直，摆动腿大腿摆至水平或高于水平部位，小腿自然下垂。双臂前后摆起，肩、腰向上提起。优秀运动员的蹬地角为 75°

左右。

起跳蹬伸时，要充分利用肌肉的弹性，发挥肌肉的收缩力，创造最大的起跳爆发功率。起跳蹬伸时的速度和方向直接影响腾起初速度的大小和方向。蹬伸动作越快越充分，腾起初速度和腾起角度则越大，跳远成绩越好。

（4）起跳过程中的摆动动作。跳远起跳过程中的摆动对于减少着地时的制动力、提高起跳速度、增强起跳效果有着十分重要的作用。起跳时，不仅要强调起跳腿的快速有力蹬伸，而且要十分注意摆动以及"摆"与起跳腿的"蹬"的协调配合。

摆动腿的摆动速度对起跳有直接影响。摆动达最高速度时，摆动腿位于髋关节的正下方处。此时，优秀运动员的最大摆动速度可达到13.5米/秒。蹬伸离地时，摆动腿的摆动高度在水平部位或高于水平部位。优秀运动员两大腿的夹角为106°~114°。

在完成"蹬"和"伸"动作的过程中存在一定的"时间差"，即在起跳过程中，起跳腿的伸展是在着地后约0.08秒（起跳程的1/3处）时开始的。此时，摆动腿已完成近乎一半的摆动。当起跳腿伸展时，臂向上方的摆动动作已开始减速。这样，起跳腿屈曲时由于摆动动作的作用而减少了起跳时的制动力。在起跳腿伸展时，摆动动作的反作用效果增大了对地面的压力。在起跳腿伸展的最后阶段，摆动动作的制动可使起跳腿更快地蹬伸。

3. 空中动作

起跳离地后，人体向空中腾起，并在空中完成各种动作的过程为空中动作阶段。由于跳远起跳时产生使身体向前方的旋转力，空中动作就要减少身体向前旋转，保持身体在空中的平衡，最大限度地利用身体重心抛物线轨迹，把两腿充分地向前方伸出，为合理落地做好准备。

起跳后产生的身体向前的旋转力，不仅与起跳脚着地的制动力大小密切相关，而且与起跳腾空后不同的空中动作有关。据研究计算，蹲踞式姿势旋转力矩为0.44千克·米，挺身式为12千克·米，走步式为1.8千克·米。因此，男子跳远运动员大都采用走步式，女子运动员大都采用挺身式。

（1）挺身式。起跳腾空后，摆动腿的大腿积极下压（见图5-1），小腿随之向下并向后方摆动，留在体后的起跳腿与向后摆的摆动腿靠拢。当达到腾空最高点时，身体充分伸展，形成"挺胸展髋"的姿势。两臂上举或后摆。然后收腹举腿，双腿前伸，完成落地动作。

挺身式跳远能较充分地拉长体前肌群，有利于完成收腹举腿和落地时前伸双腿的动作。在腾空后，旋转力矩也较大，易于保持身体的平衡。但空中动作的形式和用力特点与助跑起跳动作之间的衔接不紧密。

图 5-1 挺身式跳远空中动作

（2）走步式。走步式跳远的空中动作有两步半的走步和三步半的走步两种。男子运动员大多数采用三步半的走步空中动作（见图 5-2）。

图 5-2 走步式跳远空中动作

起跳腾空后，摆动腿下落并向后摆动，同时，起跳腿屈膝前摆，在空中完成一个自然的换步动作，成为起跳腿在前、摆动腿在后的空中动作（见图 5-3）。

空中换步时，要注意保持跑的自然动作，以大腿带动小腿走动，摆动的动作幅度要大。空中完成一个换步动作，接着便落地的空中动作称为两步半走步式。空中完成两次换步动作的为三步半走步式。

走步式的摆臂动作有两种：一种是与下肢动作协调配合的自然前后摆动；另一种是与下肢协调配合的直臂绕环动作。

走步式空中动作的特点是：助跑起跳、空中动作各技术部分衔接紧密，

图 5-3 腾空阶段摆动腿下放与落地准备姿势

动作自然连贯，便于发挥助跑速度和保持身体在空中的平衡。

4. 落地

从起跳脚离地后，运动员身体重心抛物线的移动轨迹就已被决定。但在实际跳跃中，身体重心的落点要比足跟的落点更远一些。因此，减小身体重心轨迹与足跟落点的距离是发挥落地技术的主要任务之一。

良好的空中动作是合理落地的基础。落地前，双臂快速向后方摆动，这有利于双腿向上抬起并向前方伸出。着地前尽量减小双腿与地面的夹角，以便足的着地点更靠近身体重心轨迹的落点，增加跳跃的距离。有些优秀运动员（如鲍威尔）为了更好地前伸双腿，甚至采取了上体稍后仰的动作。

双足着地以后，应及时屈膝缓冲，髋部迅速向前移动，双臂快速前摆，使身体特别是臀部迅速移过落地点。

（二）专门性练习方法

1. 助跑技术训练

跳远助跑技术训练的目的是提高助跑速度，稳定助跑节奏，培养和提高运动员调整步长和步频的能力，加强起跳时的上板意识以及形成正确的助跑心理暗示。

（1）助跑技术训练的主要方法

①在不同质量的跑道上进行长于全程助跑距离的跑动练习（多跑 2~4 步），利用助跑标志稳定最后 6~8 步的步长。

②固定起动方式，使助跑开始段的步长和加速过程定型，保证最初几步

助跑步长的稳定。

③进行变换节奏的加速跑和跑的练习，以培养运动员对跑速和动作的控制能力。

④8~10步助跑后，按步长标志进行加大步长和缩短步长的助跑练习，培养运动员调整步长和步频的能力。

（2）助跑技术训练的基本要求。

①助跑技术训练要在精力充沛的情况下进行。

②助跑距离必须与运动员的速度能力相符合。

③无论采用何种助跑节奏，起跳前都应达到本人可控的最高助跑速度。

④掌握在高速助跑中的放松技术是有效完成起跳的重要条件。

⑤重视和培养运动员助跑时的本体感觉和起跳前助跑的时空感觉，是提高助跑速度和准确性的决定因素之一。

⑥要注意总结在不同情况下（体力、气候、场地等）调整助跑距离的方法和经验。

2. 起跳技术训练

起跳技术训练的目的是培养在高速助跑中快速起跳的技能，寻找适合个人特点的起跳技术，强化形成起跳技术的神经—肌肉通道，利用助跑速度和起跳技巧，创造尽可能大的腾起初速度和适宜的腾起角度。

（1）起跳技术训练的主要方法。

①快跑中起跳脚的放置和摆动腿的摆动练习。

②快跑中起跳脚的放置与摆动腿的摆动相结合的练习。

③连续3~5步助跑起跳成腾空步练习。

④短、中程距助跑起跳成腾空步练习。

⑤全程助跑起跳练习。

⑥采用俯角跳板短程助跑起跳练习。

⑦在下坡跑道上的短程助跑起跳练习。

⑧在下坡跑道上助跑10~12步转入在水平跑道上起跳的练习。

⑨短程助跑起跳后，用手、头、胸部或摆动腿触及悬挂在空中的物体，最好落在沙坑内。

（2）起跳技术训练的基本要求。

①在进行起跳技术练习时，要强调助跑和起跳速度。

②起跳技术训练必须与快速助跑相结合。基本掌握短、中程距离助跑起跳技术后，要及时转入全程助跑起跳的技术训练。

③训练中要注意培养上板意识，力求做到助跑节奏快、上板快和起跳快。

3. 腾空与落地技术训练

腾空与落地技术训练的目的是维持腾空后的身体平衡,最大限度地利用起跳所形成的抛物线轨迹,争取尽可能大的跳跃远度,并避免受伤。

(1) 腾空与落地技术训练的主要方法。

①利用吊环、单杠等辅助器械,模仿和改进落地动作。

②通过短、中程距离的完整跳远练习改进空中和落地动作。

(2) 腾空与落地技术训练的基本要求。

①改进空中和落地动作时,要以完整跳跃练习方法为主,以模仿、分解练习方法为辅。

②注意体会和把握落地伸腿过程中上体前倾的最佳时机。

二、跳远技术的训练要点

(一) 快速助跑加速能力

跳远的助跑过程属于加速跑,可以提高运动员在较短的距离内获得较高速度、在较高速度下再加速的能力及运动员在助跑的最后几步保持最高速度的能力,有利于使助跑与起跳的衔接更加紧密。而要使运动员在助跑的最后几步跑出具有高频率的最大速度,必然要求支配手足快速摆动的神经活动能力较高。因此,在短跑训练中发展跑的加速能力,应重点体现高频率、高重心、大步幅的特点。在快速助跑加速能力训练中,应大量结合专门化的助跑节奏和快速起跳训练,以提高神经支配肌肉的特殊能力。

常用的训练手段与方法有:各种短距离的冲跑,行进间跑,让距离跑,下坡跑,在保持步长的基础上达到最大步频的短距离跑,在短距离内尽可能快地发挥最高跑速的能力训练,专项助跑速度训练,在短跑训练感觉良好的条件下接着进行助跑训练,在短跑道上进行助跑节奏训练,在助跑的最后几步达到最高的步频训练。

(二) 快速起跳能力

由于起跳腿的负荷会因助跑速度的提高、起跳速度的加快、腾起高度的增大而随之加大,运动员如不具备快速、协调和瞬间爆发性地表现出最大肌肉紧张的能力,就不可能很好地改进技术。因此,在冲击性肌肉活动的训练中,只有通过大量的快速助跑起跳训练,才能发展快速起跳能力。

常用的训练手段与方法有:将快跑节奏练习与起跳相衔接,进行顺风或超长助跑距离的高速助跑起跳,以产生起跳腿的超负荷冲击性肌肉负荷刺激,使起跳腿获得更为强烈的适应性反应,不断提高与高速助跑相适应的快速起跳能力。此类方法也可用于提高运动员的起跳速度和改进起跳中身体各环节的快速协调配合能力。

(三) 准确起跳能力

助跑的准确性在很大程度上取决于运动员最初几步的稳定性和最后几步助跑节奏的稳定性，取决于运动员对外界条件变化的调整能力，取决于运动员跳出好成绩的自信心。

常用的训练手段与方法有：设置标志以稳定运动员最初几步的步幅；在助跑的最后几步设置加速标志，以刺激运动员形成高步频的助跑节奏；在降低难度的条件下进行助跑，以利于运动员更好地体会高速助跑起跳节奏；在不同距离内以相同的步数或在不同的条件下以相同的距离进行助跑训练，以提高运动员的目测距离和调整步长的专门能力。

(四) 助跑和起跳连贯衔接能力

助跑和起跳技术结合得好坏，主要体现在运动员能否在快跑中完成有效的起跳动作。在助跑的最后几步，尤其是在助跑的最后两步，应跑出高步频的最大速度，以刺激运动员形成高速度的助跑起跳节奏。

常用的训练手段与方法有：在降低难度的条件下进行助跑起跳；以最高速度跑过起跳板的心理进行助跑起跳；利用顺风等有利条件迫使运动员以更高的速度或在高步频的情况下进行起跳，以利于运动员更好地体会高速助跑起跳节奏。

(五) 空中协调能力

在完成腾空步时，要特别强调腰部的紧张和向前送髋，以减小身体的前旋。在腾空中，运动员应当保证身体平衡，这是在正确完成起跳之后才出现的。

常用的训练手段与方法有：进行不同助跑距离和不同要求的跳远训练。可利用标志物来帮助运动员控制身体姿势和增加身体在垂直方向的运动幅度，或促进运动员更快地完成起跳动作，从而使身体在腾空阶段更加平稳。

(六) 跳跃强度控制能力

强度训练的目的是使训练保持有利于发展速度和爆发性的特征，其负荷量度主要是以专项训练水平的检测成绩为强度标准，以不断积累完成这一强度的量为基础来调控负荷量度。运动员恢复过程的快慢直接影响到整个训练过程中专项训练强度和量的实施。因此，应强化整个训练过程，采用在接近比赛的条件下训练和比赛已成为强化训练过程和保证练习的性质不被改变的手段。

常用的训练手段与方法有：在训练和比赛条件下进行意志品质、技术和战术训练；在良好的条件下提高技术训练的强度；在加难练习条件下发展跳跃的能力。

三、跳远训练中应注意的问题

（一）要有助跑中积极向起跳板进攻的意识

全能运动员，从他们进行跳远训练的第一次课起，就要强调积极向起跳板进攻的攻板意识，即快速助跑下进行起跳的意识。在跳远中，跑与跳是一对矛盾，跑快了可能跳不起来，但通过训练是可以改变的。以平稳的或用减慢助跑速度的方法去适应起跳，将失去跳远运动的意义。这种积极向起跳板进攻的意识要靠平时的训练加以培养，并贯穿于教学训练的全过程，这是做好助跑与起跳的心理准备和先决条件。

（二）掌握合理的助跑节奏

助跑节奏是指助跑过程中动作的时间和空间特征，是步频、步速和步长的合理配合，具体体现在以下几个方面：一是最后几步速率是否逐步提高；二是最后几步是否在保持较大步长前提下快频率上板；三是最后几步步长是否比较稳定且有规律地变化。

运动员开始助跑后，步长和步频随着助跑步数和速度的增加而均匀地增大和加快，当助跑到最后6~8步时，步长几乎达到最大值，这时运动员必须在保持已获得步长的前提下，加快步频，形成高重心、高抬膝、高频率的跑法，并在起跳前达到最快频率上板。后几步加快频率和提高速率的节奏有助于在起跳前达到最高速度，并排除了起跳前水平速度损失较多的可能性。

助跑最后4步步长的合理变化是良好助跑节奏的又一体现。为使起跳前发挥和保持最大速度，助跑最后几步步长应趋于接近，不应有明显的变化。不同的训练水平下，最后两步步长是存在差异的，要根据运动员本身的速度能力和力量水平来决定，为使助跑和起跳能够流畅、自然地结合，两步差数在10~20厘米为宜。刘易斯跳8.72米时，倒数第二步步长为2.44米，最后一步步长为2.31米，两步差数为13厘米。

（三）提高助跑的准确性

助跑的准确性直接影响到试跳的成败。助跑的准确性取决于运动员的助跑技术、助跑节奏、本体感觉器官的分化能力、训练水平，以及助跑与起跳的熟练程度，同时取决于运动员注意力集中程度以及对外界条件的正确判断。因此，无论采取哪种开始姿势和加速方式，运动员每一次助跑都必须以同样的身体姿势（上体前倾程度、膝关节弯曲程度和两腿前后距离）和相同的方法来提高步长和步频，并且还要使肌肉的紧张程度保持相同。

在助跑过程中，为了保持正确的助跑节奏，一般需要采用助跑标记。第一个标记通常放置在助跑后的第 4 步处，以便控制最初几步助跑的连贯性。第二个标记放置在离起跳板 6~4 步处，这一标记可供教练员检查准确性使用。教练员可利用它向运动员及时提供有关助跑最后几步的信息，但随着训练水平的提高，标记可以相应减少，以免分散运动员的注意力。目前大多数国内外高水平运动员仅在助跑起跑处放置一个标记。

（四）注意助跑最后一步摆动腿的积极蹬摆与起跳腿的积极下压

为了能够在助跑向起跳的转换中尽量减少水平速度损失，做到快速助跑、快速起跳，当助跑最后一步，摆动腿一着地，就应积极、迅速地蹬离地面，以髋带大腿，折叠向前上方摆出，推动身体重心迅速前移。摆动腿的快速摆动加快了起跳腿放脚着地的动作，此时，起跳腿应以髋关节发力，以大腿带动小腿，向下向后挤压。为了体现上板快这一现代跳远技术的特点，在技术上要做到起跳腿迈出时大腿抬的程度要比前几步略低些，限制起跳腿向前做大幅度摆动，着板点离重心投影点近些（30~40 厘米）。

（五）把握起跳蹬伸的时机、髋部的正确位置以及合理的用力顺序

1. 蹬伸时机

在支撑反作用力与地面垂直之前开始蹬伸，对提高垂直速度最为有利。蹬伸过早，虽然获得了高度，但损失了很大速度；蹬伸过晚，影响了向上的效果，降低了腾起高度，并且还可能因身体前旋的速度过大而破坏起跳的稳定，影响起跳的效果。

2. 髋部的正确位置

当开始蹬伸时，髋都要处于起跳腿支撑点上方，以便准备获得下肢传来的支撑反作用力，推动身体重心向前上方腾起。

3. 用力顺序

蹬伸起跳时，应做到髋、膝、踝三个关节依次发力，这样从地面获得的支撑反作用力就能集中地作用于身体重心，获得较大的垂直速度。

（六）空中维持平衡

起跳时产生向前回旋的力在腾空后仍然存在，要维持好身体平衡，首先要减慢身体向前回旋。因此，腾空阶段，头部、躯干、摆动腿和两臂的位置及它们之间的相对运动有着密切的关系。

腾空开始，头部应稍微抬起。因为低头会造成躯干前倾，从而加大前旋。但稍微抬头的动作不是突然的，而应是逐渐地、平稳急地完成的。一般以两眼的平视转为向前上方看来改变头部位置并做到平稳。

躯干要保持正直。躯干的任何前倾都会加速身体的前旋，影响躯干姿势。从腾空开始阶段至腾空的最高点前，肩部应超过髋部。要做到这一点，一是

腾空阶段腰背肌仍要保持适度紧张，二是摆动腿一侧肩稍后引，臂向后上方提，以保证肩部不领先，这对躯干正直也起到积极作用。

第二节　跳高运动技术与训练要点

一、跳高技术与专门性练习方法

目前绝大多数全能运动员在跳高项目上都采用背越式跳高技术，并且在该单项中达到较高水平。全能运动员要掌握好背越式跳高技术，就必须采用在专项技术训练中结合专门弹跳力训练的训练方法。跳高是一项克服垂直障碍的跳跃项目，由助跑、起跳、过杆和落垫等技术环节组成，这些技术动作是紧密相连、不可分割的完整过程。其中起跳是最主要的环节，起决定性作用，在跳高训练中一定要抓住起跳这个关键环节。建立正确的背越式跳高技术概念，是跳高技术训练的前提。这就是说，训练的第一步要先使运动员对背越式跳高技术有一个正确的感性认识，这对于学习和掌握合理技术至关重要。根据直观性教学原则，应组织初学者观摩优秀跳高运动员的比赛、表演以及教练员的正确示范，观看优秀运动员的技术录像、影片以及连续图片等，同时教练员加以简要讲解。这对帮助初学者建立正确技术概念是非常必要的。

在技术教学中，应遵循跳高动作是一个统一的、相互关联的运动系统的观点，以完整教学法为主；同时，为了准确地掌握各环节的技术细节，必须相应地采用分解教学法。在分解教学时，一定要注意各技术环节之间的衔接，使分解技术和完整技术紧密结合起来。例如，在教起跳技术时，必须注意在快速助跑和身体内倾的情况下进入起跳的特定条件；同时又要考虑身体腾空后完成过杆动作的技术要求，使分解技术教学完全服从完整技术的需要。

技术训练是一个较长时间的学习过程，在技术训练中会出现各种问题，正确技术的掌握与运动员的身体素质有密切关系。例如，由于运动员灵活性和柔韧性太差，杆上做不出背"桥"动作，不提高灵敏柔韧素质，就无法掌握正确的背越式跳高技术。又如，由于助跑较快，起跳腿支撑不住而跳不起来，说明腿部力量相对较差，特别是小腿和脚掌力量太差。这时应及时加强腿部特别是小腿和踝关节力量，使身体素质和技术取得平衡。因此，在训练中一定要根据教学对象的各项身体素质发展水平，有针对性地安排训练手段，使其逐步掌握比较完善地跳高技术。

（一）跳高技术

跳高是一项克服垂直障碍的跳跃项目，由助跑、起跳、过杆和落垫等技术环节组成，这些技术动作是紧密相连、不可分割的整体（见图 5-4）。

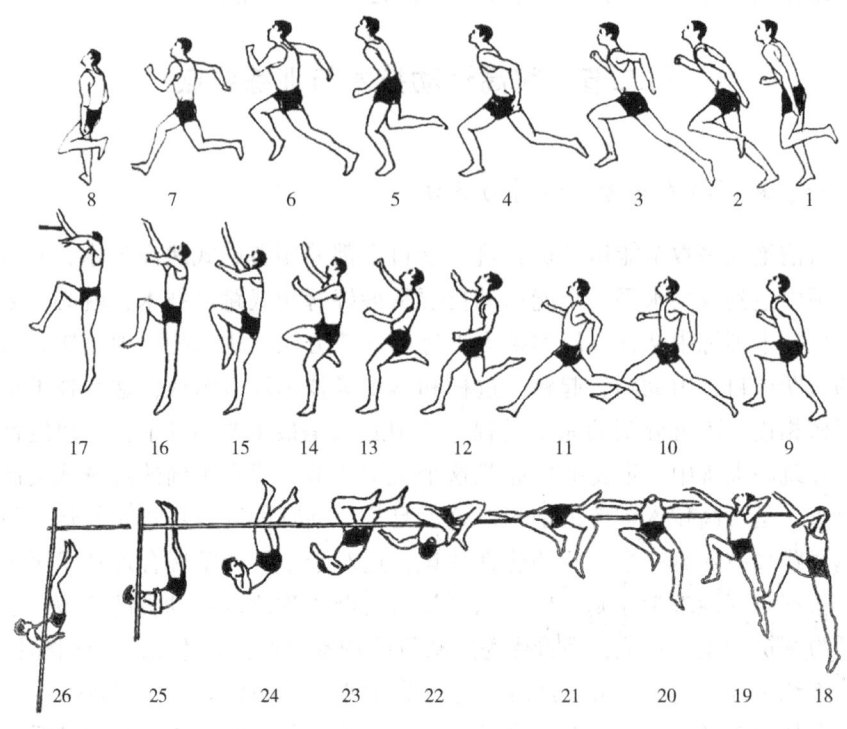

图 5-4 背越式跳高完整技术动作

1. 助跑速度

助跑的任务是获得必要的水平速度，在起跳前及时地调整动作结构和节奏，并取得合理的身体内倾姿势，为起跳和顺利地越过横杆创造条件。起跳时促进身体运动方向改变，更多地取决于助跑速度在起跳阶段转化为垂直速度的效果，因而助跑在跳高运动中非常重要。

（1）助跑距离。背越式跳高技术的优越性在于能够利用助跑速度提高跳跃的效果，为了有效地发挥出速度，助跑应该有足够的距离，以获得良好的助跑节奏和速度，从而为起跳做准备。助跑的距离视运动员训练水平而定，距离最长可达 30 米左右，其最终目的是获得与个人技术能力相适宜的水平速度。没有适宜的、良好的助跑节奏和速度，再快的助跑速度也是没有用的，相反，它还会导致不良的技术动作后果。

（2）弧线助跑。弧线助跑是形成背向越杆的需要，也是产生高效率起跳的重要条件。背越式跳高助跑的最后四步为平滑的弧线段。由直线助跑自然平滑地转入弧线助跑可以避免减速，是跳高助跑过程中最难掌握的环节之一，能使运动员的身体获得旋转的动力，有利于垂直起跳（直接向上）。同时，弧线助跑有利于运动员在起跳前降低身体重心的高度，增加起跳腿作用于地面的力量。需要注意的是，身体向弧心方向倾斜主要是通过踝关节而不是髋关节的动作来实现的。弧线助跑的速度和节奏应自然加快，最后一步最快。同时，要考虑到个人的技术特点和助跑速度。助跑速度快，弧线曲率要小；反之，曲率就大些。如果再加上步长和步数等因素，每一名运动员都应该有适合自己的助跑曲线。

（3）助跑节奏。跳高的助跑节奏是由跑的技术、步长、步频、弧线（弧形）以及加速形式等诸多因素组合而成的，是助跑的灵魂所在，是助跑速度训练中最难、最关键的一个环节，也是后续起跳、过杆动作的基础。没有适宜的、良好的助跑节奏，再快的助跑速度也难以达到应有的效果。助跑节奏选择不合理，会直接影响到运动员运动潜力的发挥和未来的发展。

在助跑节奏的选择上，至少要从两个方面考虑：一是运动员的专项能力和运动素质情况。如果这些方面突出，就不要采用开阔性的助跑方式；反之，则可采用快频的助跑方式。二是运动员的神经类型（快或慢）。传导速度快的，采用高步频的助跑方式；反之，可采用开阔性的助跑方式。在各段（全程、后四步、后两步等）的助跑中，尤以后两步的助跑节奏最为重要。

助跑的整个过程应具有明显的加速度和节奏感，最后 3~5 步的节奏应自然加快，最后一步最快。为了保持助跑节奏的一致性，第一步必须精确。如果从第一步开始就出现小的偏差，那么到起跳点时产生的偏差是无法估量的。

值得注意的是，要正确认识助跑节奏及其作用，助跑节奏练习时，一定要赋予其一定的水平速度，而且要不断地施加难度，以达到逐渐提高水平速度的要求；否则，助跑节奏练习就是一句空话，至少不会起到大的作用。

2. 助跑和起跳的快速连贯衔接

助跑和起跳的快速连贯衔接技术是跳高完整技术中十分重要的环节，它起着承上启下的作用，同时对正确地完成起跳动作、提高跳跃效果有直接的影响。

（1）倒数第二步技术。为了使助跑能够快速连贯地过渡到起跳，必须保持倒数第二步跑进的积极性和发挥摆动腿在推动身体重心前移过程中的作用。摆动腿这一积极主动的动作对加快身体重心向前的速度和迅速踏上起跳点有着十分重要的意义。

对倒数第二步摆动腿支撑阶段用"牢固支撑"的技术概念要求运动员，无疑是正确的。首先，依靠摆动腿的牢固支撑，使身体保持在内倾状态下进入起跳，防止身体过早地竖直和倒向横杆；其次，依靠摆动腿积极主动地蹬伸，使身体重心大幅度快速前移，防止出现臀部下坐和摆动腿支撑无力的现象。为此，正确地完成倒数第二步摆动腿支撑阶段的动作，使助跑与起跳快速连贯衔接起来，可为起跳创造良好的条件。在技术训练中，要在"快速"上狠下功夫，相应地提高力量和加大动作幅度，使得速度和力量得到平衡和统一。

（2）身体内倾。背越式跳高的起跳阶段能有效地将助跑中所获得的水平速度转换成向上的垂直速度，这种转换是依靠保持身体内倾姿势实现的，由内倾状态进入起跳腿着地支撑，所形成的线运动制动和弧线助跑的惯性作用能使身体自然竖直，这样可以把起跳的偏心推力控制在最小的范围内，有利于提高垂直起跳效果。这种转换也是背越式跳高优于其他跳高姿势之处。

为了能垂直起跳，身体重心在起跳的准备阶段应迅速向前移过支撑点，同时使身体能够在保持内倾的状态下进入起跳，这样对起跳脚迅速踏上起跳点和起跳时身体迅速由内倾转为竖直有着十分重要的意义，也为垂直速度的获得创造了有利的条件。

3. 快速起跳

起跳是跳高技术的关键环节。起跳的任务是迅速地改变人体的运动方向，并获得尽可能大的垂直速度，同时还要产生一定的旋转动力，保证过杆动作的顺利完成。借助弧线助跑和身体内倾转为竖直的顺势快速起跳，对提高起跳的向上效果和身体攻向横杆具有重要作用。

（1）摆动腿和两臂的摆动。摆动腿和两臂的技术动作是跳高起跳阶段又一个非常重要的环节，这3个肢体的共同运动称为摆动。

从力学分析来看，摆腿和摆臂在起跳中占有极为重要的地位，摆动是完成起跳的先导，是身体腾起后绕纵轴旋转的动力。有效的摆动可以提高起跳离地瞬间的身体重心高度，减小迈步放脚时水平速度的冲击力；向上的摆动反作用力可加大支撑作用力；摆动动作突停时，其制动惯性力可增加垂直速度。

摆臂的方法有交叉双臂摆动和交叉单臂摆动。前者双臂的动作与摆动腿的动作是同时进行的，有助于加大摆动力量；后者是当迈出起跳腿时，摆动腿同侧臂并未下放后摆，即随着起跳动作积极上摆，着眼于积极快速，有利于迅速完成起跳动作。手臂摆动还有一个重要的问题，即起跳时肩与横杆的角度问题。肩应该至少与横杆垂直，但最好稍微偏离一点，对着横杆稍微露出后背，这有利于运动员在起跳时获得垂直起跳的姿势，也有助于旋转过杆，这种肩部角度的变化应该在起跳点完成，而不是在此之前。摆动腿以膝盖领先，屈膝折叠向跳高架远端支柱上方用力快速摆出并摆至腰以上。同时，摆动腿一侧的肩应高于起跳腿一侧的肩，以防止过早倒向横杆。无论采取哪种摆动，都要快速和充分，并与摆动腿协调配合。

（2）蹬与摆的协调配合。起跳动作的顺利完成需要腿臂摆动与协调配合。起跳脚着地后的蹬伸动作依次由髋、膝、踝、趾关节顺序用力。蹬伸结束时，关节充分蹬直。起跳的效果在很大程度上取决于腿臂摆动相对于支撑点（起跳脚）位置的节奏变化，即，加速靠近支撑点、加速离开支撑点和减速离开支撑点。它们分别产生减压、加压和减压的动作效应。这一效应可以使身体重心获得更大的垂直速度。也就是说，当起跳脚着地瞬间，摆动腿应靠近起跳腿，膝关节的弯曲已接近最大程度。随后，大小腿稍有展开，加速上摆并带动躯干围绕纵轴旋转，直至大腿已摆过水平部位时突然制动。在整个摆动过程中，膝关节角度呈大一小一大的变化，使摆动动作的加速和节奏变化更加明显，从而提高摆动的效果。

由于腿臂摆动力的效应只决定于加速度（或负加速度）的大小，所以只有当腿臂摆动表现出明显加速度和减速节奏时，起跳才能达到理想的效果。在起跳过程中，应该根据这一规律，正确地完成蹬与摆的协调配合动作。

4. 顺势过杆

（1）沿着腾起轨迹顺势、连贯过杆。过杆是最终决定跳跃成败的重要环节。一旦运动员的身体离开地面，其重心的飞行轨迹已被确定，身体重心将沿着早已被确定的抛物线轨迹运动，运动员只能通过移动其肢体来加速或减速这些旋转。这也是为什么要特别得注意起跳前的各个技术环节的原因。

过杆应连贯，富有节奏感，其全过程应使躯干和肢体尽可能靠近身体重心的运动轨迹。根据助跑速度的快慢和起跳后身体各环节与横杆相对位置的变化，依次顺势和快速地越过横杆，任何多余动作都会增加碰杆机会，导致过杆失败。为了提高过杆的效果，必须形成合理的杆上姿势，缩短身体重心与横杆之间的距离，利用补偿动作，使身体各部分依次顺利地越过横杆

（2）合理协调地过杆和离杆。合理协调地过杆是运动员试跳成功的保障，同时有助于提高运动员过杆技术的经济性和实效性。合理协调的过杆要求起跳离地后保持较伸展的身体姿势向上腾起，并在摆动腿的膝和同侧臂的带动下加速围绕身体纵轴旋转。

一旦肩部接近横杆，即应迅速降低头部，使身体逐步形成上体包杆下潜姿势。它能使髋部和臀部在接近横杆时上升，这也是旋转速度必须加快的地方。为此，双脚应尽可能地靠近臀部，双臂自然置于体侧，在杆上形成倒"挂膝"姿势。这种缩短杠杆的合成将压紧身体的姿势（弓形），以及利用从起跳阶段获得的旋转动量使髋部上升到最高点而过杆。

当髋部过杆时，腘绳肌必须上提，这可以通过降低髋部的位置来完成。此时应该及时地低头、含胸、屈髋，从而提高腘绳肌的位置并提升膝关节，以保持正确姿势使脚过杆。随着双膝向上，伸直的双腿将使脚顺利地越过横杆。当向海绵垫落下时，旋转的速度必须减慢，因此，应该在保持双腿伸直的同时，将双臂展开并离开身体，应该以背部的上半部分落在垫子上。为了减少碰杆的机会，运动员应控制旋转速度变化，使过杆动作的完成具有明显的节奏感。

（二）专门性练习方法

1. 助跑技术练习

（1）数次助跑带跨越起跳练习，可以训练步幅的均匀性。初学者可以给每一步做标记，这样会有助于找到速度感和加快起跳前的步频。

（2）全程助跑计时，有利于掌控练习时和比赛时的助跑速度的一致性。

（3）在跑道上练习跳高助跑步或沿弧线进行 50 米、100 米跑，有利于提高速度和调节跳高的步频。

2. 起跳技术练习

（1）一步助跑起跳，将精力集中到过杆过程。起跳时，确保非起跳脚的脚掌及时离地。

（2）3 步助跑法。用于中速、中等高度的起跳训练。

（3）5 步助跑起跳。这是最佳的训练距离，适合做快速起跳训练，也可以尝试接近自己最好成绩的高度。

（4）全程助跑起跳练习。

3. 摆动腿提膝练习

（1）提膝过杆练习。横杆应处于较低的高度，运动员可以先试跳，然后加提膝的动作，并在随后过杆过程中保持提膝。

（2）海绵垫助跳练习。减少对落地的心理压力对矫正起跳位置和方向很有帮助。

（3）负重腰带起跳练习。巩固起跳的位置感，更重要的是让运动员感受到屈腿的重要性。只有做出完全正确的起跳，才能完成该次尝试。

4. 过杆技术练习

（1）原地背向横杆跳起倒肩挺髋后，做向后上甩腿练习，提高展髋成"桥"形的能力。

（2）直线助跑，最后两步加速，踩弹板起跳背向越过横杆。对比原地双脚背向起跳，其优点是提供更大加速度来越过更高的高度，便于体会背越过杆的空中转体动作。

(3) 助跳板或助跳器辅助练习。使用高级的 20 厘米的助跳板，运动员的起跳脚在最后一步时应迅速蹬踏在板上，从而减小起跳脚的角度。短期内就可以免去助跳板的帮助，为在极限高度以上的训练提供机会。

(4) 踏助跳箱翻越海绵垫。训练运动员手臂的伸展，专注整个过杆过程，而不只是像平常轻松越过一条横杆就可以了。

二、跳高技术的训练要点

(一) 快速助跑加速能力训练

1. 听信号起跑

30~60 米，间歇为完全恢复。目的是提高反应速度，发展腿部力量和加速能力。

2. 行进间上、下弯道计时跑

20~40 米，间歇为完全恢复。目的是发展专项绝对速度，刺激最大强度的提高。

3. 变速跑

将 80~200 米的距离分成几个段落，即加速跑段和惯性跑段，惯性跑段也保持疾跑时的姿势，目的是发展绝对速度，提高加速能力。

4. 下坡跑 10 米（坡度为 3°~6°）接弧线跑 20 米

间歇为充分休息。目的是提高步频和弧线跑技术。

5. 直道切入弯道加速跑 30~40 米接轻松起跳

间歇为充分休息。目的是形成固定的助跑节奏，建立全程助跑技术、步长、步频、弧线（弧形）以及加速形式等的一致性。

6. 行进间快速跑过 15~20 个海绵块（或实心球）

海绵块间距 2 米左右，可根据运动员步长和全程步点放置海绵块。目的是改善和稳定全程助跑节奏，提高步频和增大步幅。

(二) 快速起跳能力训练

1. 跑过一个低栏架

跑过 1 个低栏架后做迈步起跳，跳过 1 对栏架。

2. 弯道 3~5 步下坡跑

弯道 3~5 步下坡跑接快速起跳头触高物。

3~5 步弯道助跑，连续跳过 3~5 个栏架。

3. 三步助跑起跳

要求为：最后一步要快，起跳脚必须快速"猛力摆动"地踏上起跳点；横杆放在中等高度，做 5×2 组；目的是确保起跳时非起跳脚的脚掌及时离开地面，发展快速起跳能力。

4. 五步弧线助跑起跳，摆动腿提膝触高物

横杆放在低于运动员最好成绩 30 厘米处，可适当升降，每一高度 2 次。目的是提高快速垂直起跳能力。

（三）准确起跳能力训练

1. 助跑带跨越起跳练习 20~30 米

目的是训练步幅的均匀性，初学者可以给每一步做标记，这样有助于找到速度感和加快起跳前的步频。

2. 全程助跑起跳计时

目的是了解并掌控练习时和比赛时及横杆高度变化状态下的助跑速度一致性和稳定性，提高正确到达起跳点的准确起跳能力。要求每次助跑起跳点都选在同一个位置上，如差值超过 10 厘米，往往会造成试跳失败，每次全程助跑速度误差不超过 0.05 秒。

3. 脚步丈量训练

在跑道直曲段上用脚步丈量全程步点，并设置标记，根据不同的天气等变化因素，反复练习后做出相应调整。目的是完善全程助跑节奏及提高速度感，提高准确起跳能力。

（四）助跑和起跳连贯衔接能力训练

1. 沿螺旋形弧线加速跑半圈接快速轻松起跳 1 次

开始时直径为 30 米，逐渐缩短到 10~15 米。要求在加速过程中加大身体内倾程度。目的是体会加速跑进中身体内倾的感觉和变化，培养在离心力作用下完成弧线助跑连贯衔接快速起跳的能力。

2. 拖橡皮带弧线助跑起跳 10~20 米

目的是使弧段加速跑技术与起跳技术自然连贯，增强弧线跑的能力和起跳力量。

3. 沿弧线做 6~8 步助跑起跳手或头、膝触高物

目的是培养在离心力作用下完成弧线助跑与起跳相结合的能力。

4. 海绵墙前做全程助跑整体节奏技术练习

目的是弥补最后 6 步水平速度的不足，提高全程助跑的速度效果。具体要求为：对平跑技术进行规范，不盲目求快，做到加速时的"放松"加速，以免加速过程中的动作紧张变形。

（五）空中（杆上）协调能力训练

1. 原地挺身后倒"搭桥"练习

目的是体会过杆时的身体姿势和动作过程。要求为：挺髋屈膝后倒，肩

背着地支撑,"搭桥"后停留10~15秒。

2. 原地背向起跳

原地背向起跳,向后倒肩、屈膝,挺身跃上放置软海绵垫的跳马,停留片刻后向上和向后甩小腿落垫缓冲。目的是体会身体重心向上的趋势,顺势、依次、连贯地完成过杆动作,感知身体各部分与跳马顶部相对位置的变化。要求为:挺髋夹臀,双膝向两侧分开,肩背包着跳马下潜落垫。

3. 弧线助跑3~5步单脚起跳,腾起后背卧上高台(架)练习

可借助弹板进行练习,目的是体会腾空感觉。要求为:向上摆臂、提髋、叠膝、摆腿依次协调用力。

4. 正面跑3~5步踩弹板起跳背越过杆

目的是利用弹板增加腾起高度,体会背越过横杆的空中转体动作。要求摆动腿膝关节折叠稍向内扣上摆和摆动腿同侧臂向上和向内高摆。

5. 弧线助跑6~8步,踩弹板起跳,用髋触高吊物背越过横杆

目的是体会在快速助跑中快速起跳技术及越过高杆的感觉,感知身体各部位与横杆相对位置的变化。要求在杆上尽量挺髋、展体,不要主动收腿。肩背包杆下潜落垫。

(六)跳高强度控制能力训练

1. "质量"训练法

将横杆放置在低于运动员个人最好成绩10~15厘米的高度上,要求运动员跳15次,每次跳完后要有足够的休息时间,以保证每次跳跃的质量。随着训练的继续而改变横杆的高度。

2. "耐力"训练法

将横杆放置在低于运动员个人最好成绩20厘米左右的高度上,让其在不同的高度上跳25~30次。要求在第一个高度上过杆3次,接着将横杆上升5厘米,同样要求过杆3次,依次类推,直到运动员在某一高度上不能过杆为止,接着再将横杆的高度降低3厘米做过杆练习。

3. "强化"训练法

在某一高度上有两次不能过杆时,横杆的高度应降低至能使运动员连续3次越过,接着把横杆的高度升回至原来的位置。当运动员能连续3次过杆或不能连续3次过杆时,横杆的高度应继续上升或下降。虽然允许运动员有足够的休息时间,但是运动员在整个训练过程中必须保持正确的过杆姿势和技术。在训练过程中,一旦出现技术变形,教练员应立即停止训练,以免运动员形成错误的动作。

4. "试跳新高度"训练法

先在热身高度上试跳几次，然后把高度提升到运动员的最佳成绩以上，运动员无论能不能越过，都不能退缩。目的是培养运动员鼓足勇气挑战自己达不到的高度，有效地调适身心负荷，以不改变个人完整技术风格为前提，挖掘技能、体能潜力和比赛心理承受能力。

5. "模拟比赛"训练法

休息与试跳交叉进行，可以真实模拟出比赛的现场。运动员试跳后休息5分钟后再试跳。目的是提高专项训练强度和专项比赛能力。练习过程中要集中精力排除困难和干扰，有效地完成每次试跳。

三、跳高训练中应注意的问题

（一）助跑与起跳不连贯，起跳前减速甚至停顿

1. 产生原因

（1）起跳前过分降低重心。

（2）脚步靠前而且体后仰造成较大制动。

（3）初练者也会在起跳前减速或停顿。

2. 纠正方法

（1）注意助跑的自然用力，重心平稳。迈步放脚靠近重心投影点，不要抬高。

（2）练习起跳时助跑距离由短到长，同时在练习时要加强心理训练，并不断提高起跳能力和熟练程度。

（3）为有效利用助跑速度，起跳时可采用"跑动式"摆臂和屈腿式摆腿动作，这种动作比较容易掌握。

（二）起跳时身体不直，过早倒体

1. 产生原因

（1）由于倒数第二步偏离弧线，使后两步助跑变成直线。

（2）起跳时送髋不够，重心后坐，上体过早倒向横杆。

2. 纠正方法

（1）加强弧线助跑练习，注意起跳前的身体内倾。开始时可以设置标志进行练习，以后逐步减少标志，直到能够准确和正确地完成助跑与起跳动作。

（2）可在跳高架前或海绵墙前做起跳练习，注意起跳垂直向上。

（三）背越过杆时身体侧对横杆，导致身体容易碰掉横杆

1. 产生原因

（1）助跑加速不积极，起跳时有停顿减速现象。

（2）背越过杆时，领先的手臂摆动不积极，上体过杆速度慢。

2. 纠正方法

（1）在踏向起跳点时，主动快速向上高摆手臂，带领上体过杆，摆动腿稍向内扣，使身体和横杆成正交叉过杆。

（2）拖橡皮条弧线助跑起跳触高物。

（四）过杆时含胸收腹、臀部后坐，展体不充分，收腹举腿过早

1. 产生原因

（1）有恐惧心理，过杆时不敢做倒肩挺髋动作。

（2）由于自我保护意识过于强烈，在完成过杆动作之前就收腹做落垫动作。

（3）动作顺序和用力部位概念不清，造成倒肩展体与收腹挺髋配合不协调。

2. 纠正方法

（1）在过杆教学时，先用橡皮带代替横杆，消除恐惧心理。

（2）重复做原地倒肩挺髋练习和原地跳高过杆练习，进一步体会过杆的动作顺序和用力部位，及过杆时的空中感觉，注意在杆上尽量挺髋展体，不要主动收腿。

（3）借助助跳板或低跳箱做助跑起跳上海绵台，使运动员能在较大的腾空高度和较充裕的腾空时间条件下，体会倒肩展体与收腿挺髋的协调配合，直到做出良好的背弓姿势。

第三节 撑竿跳高运动技术与训练要点

男子十项全能项目中的第八个单项比赛是撑杆跳高项目，对于全能选手来说，该项目极具挑战性，除项目本身的复杂与难度外，在全能比赛中，撑杆跳高的单项比赛对于运动员的体能和心理也是极大的挑战。完整的撑杆跳高技术动作（见图5-5）包括：持杆助跑，插杆起跳，悬垂、摆体、伸展，转体推杆和过杆落垫，等等。

一、撑竿跳高技术与专门性练习方法

（一）撑竿跳高技术

1. 持竿助跑

持竿时两手相距同肩宽，上手拇指在撑竿外侧，下手拇指在下侧，两肩正对跑道且放松。上手臂屈肘，上握点位于同侧肩髋附近，下手臂位于体前。

图 5-5 撑杆跳高技术动作

助跑起动时，撑竿与地面的夹角可随握竿高度的不同与风向的不同做适当调整，一般在 70°左右。助跑起动的方式有两种：一是站立式起动。一般将起跳脚放在起跑点上，助跑前几步身体略前倾。这种方式有利于起跳点的相对稳定，适用于加速能力较强的运动员。二是行进间起动。先走或慢跑几步，待起跳脚踏上起跑点后加速跑进。这种方式可减少助跑加速时的紧张程度，但起跳点的位置相对不易控制。

高水平运动员的助跑距离一般在 18~20 步，初学者可适当减少。助跑时要求身体高重心，富有弹性，蹬摆协调配合，特别要求摆动腿向前上方积极摆动。最后 6~4 步要达到助跑的最高速度，然后靠增加步频来保持速度。为了配合插竿动作，这期间竿头要逐渐下降至水平部位，降竿时注意上体不要后仰。

2. 插竿起跳

插竿起跳是撑竿跳高技术的重要环节，其完成情况在很大程度上会影响到整个跳跃过程的质量。

通常认为，插竿动作是从助跑的倒数第二步开始的，这时随着摆动腿的前摆，上手翻腕，把撑竿不停顿地直接向前上方举起，待摆动腿着地时，上手应位于额前上方部位；随着起跳脚迈向起跳点，双手仍要不间断地向前上方举出，并把竿头平稳地插入插斗。由于插竿动作是在快速助跑中完成的，因此要求整个动作做得及时、迅速、到位，否则会影响起跳和竿上动作的效果，其中插竿开始时机的准确性和整个动作完成的不间断性十分重要。在插竿过程中，下手始终不要低于同侧肘的高度，这样不仅可以更好地支撑撑竿的重量，还可以加大撑竿与地面的夹角，这一角度对于竖竿有着很重要的意义。

起跳点在上握手的投影点上。助跑最后一步相对较短,起跳脚积极踏上起跳点并迅速过渡到全脚掌支撑,上手臂充分伸直,下手臂紧张用力支撑撑竿(肘关节大于90°),这种支撑作用将有利于弯竿及竿上动作的平衡。起跳腿的缓冲不宜过大,蹬伸动作要积极充分,摆动腿屈膝前上摆,头部稍抬并正对前方。在起跳地蹬伸阶段躯干要注意伸展,其中胸部向前上方的积极运动十分重要,不仅有利于能量向撑竿的转化,也可以为后续的竿上动作奠定良好的基础。

现代撑竿跳高技术要求在起跳过程中充分发挥人体的运动速度(自由起跳),这将有利于竿上摆体的快速完成,因此在起跳过程中不应追求过大的撑竿弯曲量,否则将会对人体的运动造成较大的约束。良好的技术特征是在起跳腿蹬伸时竿头才触及插斗顶端,从而获得真正意义上的支撑。

3. 悬垂摆体与伸展

起跳离地后,人与撑竿以插斗为支点共同向前运动,而人相对于撑竿处于悬垂状态,要求胸部继续积极向前运动,起跳腿滞留在体后,摆动腿基本保持离地时的状态,上手臂伸直,下手臂仍紧张用力(由于躯干的逼进,肘关节角度有所减小)。整个身体形成反弓姿势,这种"反弓"不仅使"人-竿"保持了较短的转动半径而有利于竖竿,而且因体前肌群的拉长而为摆体创造了有利的肌肉工作条件。悬垂阶段不能人为地拉长时间,否则将会破坏竿上动作的节奏,悬垂的深度和速度都取决于起跳的速度。

身体背弓达到最大即开始进入摆体阶段,摆体的前半部动作要充分体现出鞭打用力的特征,即开始摆体时下手臂推竿以制动躯干并振肩,从而促使动量向下肢传递,同时起跳腿发力以较直的状态做"兜扫"式摆动,这样就使人体能以低重心状态实现摆体速度的增加,从而加剧撑竿的弯曲,并为摆体的后半部动作加大速度储备。当摆至整个身体与地面约成45°时开始屈髋收腿,两腿迅速向上握点方向靠拢。切记不要仰头,这时由于人体半径的缩短,身体会加速向上,同时对撑竿的压力也会进一步加大,使得撑竿达到最大弯曲。摆体的后半部动作具有团身的外形特征,团身结束时理想的体位是两膝在臀部垂面以内,同时臀略高于肩。

摆体阶段的动作效果在现代撑竿跳高技术中占有非常重要的地位,这不仅因为撑竿的弯曲量在摆体时增加最多(占总弯量的70%左右),而且因为在整个撑竿跳高的动作链中,摆体是人体重心从下向上运动的转移环节。摆体的动作质量与悬垂阶段的运动速度、身体姿势有直接关系,而悬垂时的人体速度和良好的反弓姿势又取决于快速的助跑起跳与正确的起跳姿势。助跑和起跳是摆体的基础。

摆体结束后，人体开始由团身状态向上做伸展动作。由于身体的伸展是在撑竿的反弹时期进行的，而撑竿的反弹方向是前上方，所以伸展开始的方向应是后上方，这样才能保证人体充分向上。为了最大限度地利用撑竿的反弹力量，伸展时的动作速度应与撑竿的反弹速度相协调，即不要有猛烈的蹬伸动作。伸展的后程，下手臂肘关节角度逐渐缩小以至前臂贴紧撑竿。整个伸展阶段身体重心应靠近撑竿，伸展结束时，良好的身体姿势是直臂倒悬垂。整个伸展动作过程可以形象地比喻为"L-I"的身体姿势转换。

4. 转体和推竿

当人体形成"I"形的直体倒悬垂后，撑竿几乎弹直，要借助撑竿的反弹力量顺势完成身体绕纵轴转体的动作。由于两手握距较宽，特别是下手贴紧撑竿后已无太多的拉引工作距离，所以拉引动作主要表现在上手臂。下手开始推竿时上手仍处于拉引状态，当上握点与同侧肩平齐时，则主要地表现为上手推竿了。

在转体过程中，要注意收紧下颌，两腿伸直并靠拢，特别是双腿不能向前伸转，以尽量保证身体靠近撑竿运动。

在推竿过程中，两腿不要过早下放，要积极有力地向下推展上手臂的肩、肘关节，这样不仅有助于增加向上的动力，而且因良好的单臂支撑倒立姿势而有助于增加腾越高度。推竿完成瞬间上手应顺势将撑竿推向助跑道方向。

5. 过杆和落地

推离撑竿后即转入无支撑的腾空阶段，这时要注意调整身体各部分的位置，充分利用其补偿效应。当身体重心上升到最高位置时，已越过横杆的双腿有所下压，并收腹含胸成弓身姿势，当臀部越过横杆后，向上扬臂，抬头，使整个身体依次越过横杆。落地时要注意安全因素，正确的落地动作是使背部柔和平稳地落在海绵包上。

(二) 专门性技术练习

1. 持竿助跑与插竿起跳

(1) 持竿小步跑、高抬腿跑：最后可接降竿举竿。

(2) 持铃片跑：双手持杠铃片于胸前20~30厘米，上体保持正直，高重心、高抬腿跑。负重10~20千克，跑距为40~50米。

(3) 原地降竿举竿：双手持竿呈竖直状，练习降举竿。当撑竿降至接近水平时开始举竿。举竿结束与竿头着地的时机应当同步。

(4) 6步降举竿：原地起动，6步助跑做降竿举竿练习。前4步降竿，后2步举竿。

（5）持杠铃片跑连续举竿：要求同持杠铃片跑，途中做 4~5 次向上举竿动作，负重 5~10 千克。

（6）4~6 步助跑起跳摸高或起跳上高台：4~6 步助跑起跳后摸高或抓住吊绳、单杠等物，也可跳上 50~60 厘米的高台。助跑要求重心高，后 2~3 步频率快，起跳时上体保持正直。

（7）沙坑 6~8 步助跑先跳后插竿：采用直竿，6~8 步助跑举竿后先起跳，而后把竿头插入沙坑中完成上竿悬垂，练习初期握竿点可偏低一些。

（8）沙坑中做弯竿起跳：沙坑中挖一插斗状，插斗的深浅视运动员专项能力与撑竿的软硬度而定，落地处放置海绵垫进行不同段落的弯竿起跳。

（9）随意助跑起跳：助跑距离不固定，离插斗约 10 米远，随意助跑后通过目测调整步子进行插竿起跳。要求起跳点在上手垂线之下。

（10）短程、中程或全程助跑弯竿起跳。要求起跳点在上手垂线之下，注意身体充分向上伸展。

2. 摆体后翻/转体与展体

（1）吊环、吊绳、单杠摆体：在这些器械上做前后摆体，注意腿部的鞭打动作，前摆时不能过分屈髋。

（2）沙坑 6 步助跑起跳摆体：沙坑中 6 步助跑先跳后插，而后向前摆体，双脚落在尽可能远的地方。

（3）吊绳、吊环、单杠摆体后翻转体：在这些器械上做摆体后翻转体练习，摆体时幅度要大，后翻转体时注意倒肩。

（4）短程助跑起跳摆体伸展转体：6 步或随意助跑起跳后接摆体翻转。

（5）吊绳摆体与展体：原地或 4~6 步助跑起跳抓绳接摆体与展体。

（6）单杠摆体与展体拉引：同上，接向上拉引。

（7）肋木举腿上展：练习者背向悬挂于肋木上，举腿上展。

（8）短程助跑起跳摆体后翻接展体与转体：6~8 步助跑起跳做摆体后翻与展转体，落垫时髋部应靠近双手与竿子。

（9）高台起跳摆体后翻与展体：站立于高台上（约 1.70 米），竿头固定于 1.30~1.80 米远的插斗中，2~3 步助跑后双手握竿起跳接摆体后翻与展体。展体后身体应当与竿子保持平行。

3. 转体推竿与过杆落地

（1）侧手翻过杆：碎步助跑接侧手翻并转体越过横杆。双手着地前躯干应尽可能向前伸展，并积极推地，以便向上腾起。

（2）后滚翻展体推手过杆：坐或躺在垫子（跳箱）上，后滚翻接展体推手过杆。也可在腿或腰部负沙袋 3~5 千克进行此项练习。

（3）单杠举腿展体向前转体过杆：跳起后双手正反握于单杠上（略高于头），举腿动倒肩，而后展体拉引与转体越过前面的横杆。

（4）单杠腾身回环接倒立过杆。

（5）吊绳过杆：4~6步助跑，起跳后抓住吊绳进行过杆练习。

（6）6~8步助跑直竿与弯竿撑竿跳远：横杆置于插斗前1.50~2.00米，6~8步助跑后进行直竿或弯竿撑竿跳远，展体拉引以及转体推竿动作应当尽量沿竿进行。

（7）高台过杆：运动员站立于高台上（约1.70米），竿头固定于1.30~1.80米远的插斗中，3步助跑后起跳并过杆。练习时，教练员可站在插斗旁握住竿子，帮助运动员弯竿和进竿。

（8）不同助跑段的直竿、弯竿过杆：6~8步助跑直竿过杆，短程、中程或全程助跑弯竿过杆。过杆时总的要求是助跑节奏明显，助跑起跳动作连贯，竿上动作完整。

二、撑竿跳高技术的训练要点

（一）持竿助跑能力训练

目的：发展运动员持竿助跑能力与助跑节奏感。

练习手段：

1. 超长距离持竿跑

方法：持正常竿或略重竿进行持竿跑（女子40米，男子60米）。

要求：注重跑的节奏，重点放在后10米加速并完成举竿动作。

依据：撑竿跳高运动员必须具备较强的持竿助跑能力。

2. 持杠铃片跑

方法：双手持杠铃片于胸前20~30厘米处做持片跑（女子5~10千克、男子10~15千克，30~40米）。

要求：双手持杠铃片始终保持在胸部高度，跑动中注意高抬大腿，后程必须高重心、快频率跑过终点。

依据：发展持重物条件下快速跑的能力。

3. 拖重物持竿跑

方法：按全程助跑距离，腰部后面牵绳拖轮胎或重物持竿跑。

要求：所牵引的重量逐渐增加，使运动员后程能够保持一定的加速。

依据：通过牵引重物，提高运动员持竿跑的能力。

（二）起跳能力训练

目的：发展运动员的起跳能力。

练习手段：

1. 助跑起跳抓吊绳或抓高杠

方法：2~6步助跑，起跳后双手抓吊绳或高杠。

要求：助跑富有弹性，起跳应当充分，双手尽可能向上抓物。

依据：撑竿跳高运动员必须积极、充分地向前上方跳起，以便提高握竿高度。

2. 步推弯竿

方法：双手持竿站在插斗后，2步助跑举竿后成起跳姿势推弯竿。

要求：2步积极跑上，利用惯性举竿发力，左肘上抬，胸、肩向前压竿。

依据：撑竿跳高运动员起跳时腿部、躯干以及双手必须协同发力。

3. 平地牵胶带举竿起跳

方法：在练习者右手握竿处向后牵一胶带，由教练或同伴握住胶带另一端加以控制，4~6步助跑降竿并做举竿起跳。

要求：运动员举竿起跳时双手必须积极向前上方举起，并完成起跳。

依据：撑竿跳高起跳时双手必须与腿部配合，完成有力的送、举竿动作。

（三）助跑与起跳连贯衔接能力训练

目的：提高运动员助跑与起跳的衔接能力。

练习手段：

1. 手持短棒助跑起跳触高

方法：练习者手持长约1米的短棒，经过4~6步助跑举棒起跳并触及悬挂着的高物（海绵块等）。

要求：助跑逐渐加速并积极完成起跳，悬挂物高度应当根据运动员起跳能力逐渐升高。

依据：在简化降竿动作的情况下，使运动员集中注意力完成快速助跑与起跳技术环节。

2. 沙坑弯竿起跳

方法：选择硬度适宜的撑竿，4~6步助跑后举竿插入沙坑完成弯竿起跳并落入沙坑。

要求：助跑富有节奏，助跑与起跳衔接尽可能自然、连贯。

依据：由于没有插斗的限制，运动员可以放松、自然地完成助跑与起跳相结合这一技术环节，从而提高助跑与起跳的衔接能力。

3. 全程弯竿起跳

方法：所用撑竿硬度适宜，全程持竿助跑进行弯竿起跳练习。

要求：助跑节奏明显，注重助跑后程加速并积极完成起跳动作。

依据：在全程助跑情况下强化助跑后几步与起跳相结合的技术。

（四）竿上专项技能训练

目的：发展与提高撑竿跳高运动员的竿上专项技能。

练习手段：

1. 起跳抓绳摆体后翻展体

方法：2~4步助跑起跳后双手抓住吊绳，完成摆体后翻展体动作。

要求：助跑富有弹性，向前上方充分跳起后抓住吊绳并及时完成摆体后翻与展体。为了保持身体平衡，展体后两腿可夹住吊绳。

依据：起跳摆体后翻与展体是撑竿跳高的关键技术环节，运动员必须加强这些环节的技能训练。

2. 垫上持竿倒肩展体转体推竿

方法：运动员坐在撑竿跳高海绵垫上背对教练员或同伴，右手臂向前伸直，左手臂弯曲持竿于腰部，教练员或同伴在其背后双手控制撑竿，练习者模仿倒肩、展体、转体并接推竿动作。

要求：倒肩要充分，身体展直后接转体、拉引与推竿动作，推竿积极有力。教练员或同伴应协调配合队员完成这一练习，控制力度要适宜。

依据：撑竿跳高竿上倒肩展体、拉引转体与推竿技能对于提高腾越高度非常重要。

3. 侧手翻过杆

方法：运动员经过几步助跑，侧手翻空中并腿后推手越过皮筋拉成的横杆。

要求：侧手翻双手下的支撑时胸肩尽可能拉开，着地点远离蹬地脚，空中并腿后推手与弓身协调配合，尽量向上腾起。

依据：撑竿跳高运动员过杆时的推竿与弓身技能将直接影响其腾起高度。

三、撑竿跳高训练中应注意的问题

由于撑杆跳高运动技术较为复杂，因此在训练中，分解练习的比例要占较大比重，如果训练课时较少，在训练中要以地面技术为主，其中插竿起跳是关键技术，杆上技术不做过高要求，训练重点是动作的基本结构和连贯性。撑杆跳高技术训练时，要注意培养运动员的竿性，即运动员对撑杆器材的掌握及依靠撑杆完成技术动作的能力，可以在训练中经常采用一些竿上悬垂、竿上撑摆和持竿跑的练习手段，强化这种感觉。

训练初期，要注意消除运动员的恐惧感，除场地设施的保障外，在训练时，教练员要加上一些额外的保护措施，同时，让运动员看轻松的示范演示也能有效消除运动员的恐惧心理。

训练中还有以下问题需要注意：

第一，助跑节奏不正确，后程减速。这一错误往往是由速度能力不够，或加速过早，或助跑距离过长等原因造成的。纠正的方法是加强速度训练，改善助跑节奏，适当缩短助跑距离。

第二，助跑与起跳衔接不连贯，起跳不充分。这主要是举竿动作紧张、不连贯、上体后仰或起跳点偏近等原因所致。可通过适当后移起跳点、4~6步降竿举竿、起跳抓吊绳等方法加以改进。

第三，起跳时过分顶竿。造成这一错误的原因首先是技术概念不正确。另外，与起跳点过近或撑竿过硬等有关。纠正的方法是建立正确的技术概念，明确起跳时弯竿过大的弊端，掌握"自由起跳"的动作要领。另外，可适当减小撑竿硬度，采用标志物来改善起跳点的位置。同时还应加强起跳连接摆体的练习。

第四，展体不充分，下手贴竿不紧。这往往是由伸展方向不正确、下手臂刻意拉引所致。纠正方法是建立正确的技术概念，明确伸展的初期方向是后上方，在伸展后期，下手臂的主要动作是贴近撑竿，以保证倒肩/倒体的完整实现。另外，要加强摆体后翻转练习，一些相应的模仿练习以及跳高杆练习也是行之有效的方法。

参考文献

[1] 李鸿江. 田径 [M]. 3版. 北京：高等教育出版社, 2014.

[2] 文超. 田径运动高级教程 [M]. 北京：人民体育出版社, 1999.

[3] 国家体育总局. 中国田径教练员岗位培训教材 [M]. 北京：人民体育出版社, 2009.

[4] 李鸿江. 田径运动高级教程 [M]. 北京：高等教育出版社, 2010.

[5] 周建梅, 李建臣. 田径运动技术诊断 [M]. 北京：化学工业出版社, 2016.

[6] 刘江南. 美国田径训练指南 [M]. 北京：化学工业出版社, 2002.

第六章　全能运动员投掷项目技术与训练要点

男子十项全能投掷项目包括推铅球、投标枪和掷铁饼三个,女子七项全能投掷项目包括推铅球、投标枪两个,其能量代谢特点具有一致性,而且最后用力特征也具有极高的相似性。但是每个投掷项目的加速技术、动作结构、动作路线、位移方向和最后用力特点等方面均存在很大差异,因此,掌握三个投掷项目的技术结构、动作轨迹和肌肉用力特点至关重要。

第一节　铅球运动技术与训练要点

全能运动员掌握好推铅球技术非常重要,提高推铅球成绩既要靠绝对力量,又要靠相对力量,不能单靠增加体重增加力量,全能运动员要保证体重不增加的条件下,依靠改进技术、提高爆发力来提高推铅球的成绩。

一、推铅球技术与专门性练习方法

（一）推铅球基本技术

推铅球是速度力量型项目,影响推铅球成绩的因素主要是出手初速度、出手角度和出手高度。为了便于分析,我们把推铅球技术分为握持铅球、滑步、最后用力和维持身体平衡四部分。

1. 握持铅球（以右手投掷为例）

（1）握球。五指自然分开,将球放在食、中、无名指指根处,拇指和小指扶在球的两侧,手腕背屈,这样可以增加握球的稳定性,防止铅球滑动,充分发挥手腕和手指的力量,使铅球获得更快的初速度。

（2）持球。握好球后,将球放在锁骨窝处,贴于颈部,下颌略向右转,右臂屈肘,掌心向内,上臂略低于肩或与肩齐平,左臂自然上举,两眼平视前方。握持铅球的方法比较简单,但动作掌握得正确与否,会对滑步和最后用力动作产生较大的影响。握持铅球的动作细节因人而异,但必须以有利于完成后续动作和发挥力量为原则。

2. 滑步技术

(1) 侧向滑步。该技术动作包括以下内容：

预备姿势：持球后，侧对投掷方向，两脚左右开立，相距20~30厘米，右脚外侧贴近投掷圈的后沿，左脚前掌着地，上体正直，目视前方或右前方，身体重心落在右腿上。待身体平稳后，上体逐渐向右侧倾斜，左腿向左上方抬起，左臂自然上举。然后，随着回收左腿，右腿下蹲，形成团身姿势，此时铅球的投影点要在身体支点的右边，左腿靠近右腿，体重压在右脚上，眼睛看前下方2~3米处。

侧向滑步：团身动作完成后，首先髋部带动身体重心略向投掷方向移动，使其移离身体的支撑点（右脚）。接着，左腿向投掷方向摆出，同时右腿向投掷方向快速用力蹬伸，上体姿势不变。蹬摆动作完成后，右腿迅速内收，左腿积极落地，形成最后用力前的良好预备姿势。滑步时，右脚离地不要过高，以免身体重心上下起伏过大。滑步结束时，身体仍然侧对投掷方向，铅球的投影点位于右脚外侧的右边。

(2) 背向滑步。该技术动作包括以下内容：

预备姿势：预备姿势是滑步前的准备动作，它对铅球运行距离、身体的平衡有重要的作用，并为滑步动作创造有利的条件。预备姿势一般可分为高姿和低姿两种。目前优秀铅球运动员采用后者的较多，即持球后，背对投掷方向，两脚前后开立，相距40~50厘米，身体重心压在右腿上。右腿弯曲，右脚脚尖贴近投掷圈的后沿，左脚在后，脚尖着地，形成"团身"姿势。这时，躯干与地面基本保持平行，眼睛看前下方2~3米处。

滑步动作：滑步的目的是使铅球获得一定的水平速度，并为最后用力创造良好的条件。滑步技术掌握好的投掷者，其滑步推铅球的成绩可以比原地推铅球远1.5~3米。决定滑步效果的因素主要有三个方面：一是左腿摆动的力量、速度和方向；二是右腿蹬地的力量、速度和角度；三是左腿摆动与右腿蹬地的协调配合。预备姿势完成后，首先臀部带动身体重心略向投掷方向移动，使其移离身体的支撑点（右脚），以便于滑步和避免身体重心起伏过大。接着，左腿以大腿带动小腿迅速向抵趾板方向摆出并外旋，右腿积极蹬伸，及时拉收并内旋，两腿摆蹬协调配合，推动身体向投掷方向快速移动，形成最后用力前的良好姿势。以上动作一定要体现出重心后移在先、以摆为主、以摆带蹬、摆蹬结合的特点。

滑步开始时，右脚蹬离地面的方法有两种：一种是前脚掌蹬地；另一种是脚后跟蹬地。前者动作简单、省力，便于拉收右腿，容易掌握，但右腿蹬地不充分，力量小，蹬地角度大，因此造成滑步时身体重心上下起伏较大。

后者右腿蹬地充分，力量大，蹬地角度小，能减小滑步时身体重心的起伏，更好地发挥水平速度，但对腿部的力量和灵活性要求较高，拉收右腿动作难度大。

3. 最后用力

最后用力是从左脚落地开始至铅球出手结束。最后用力是推铅球技术的关键环节，其任务是：充分利用滑步获得的水平速度，结合最后用力中身体各部分发挥的力量，通过手臂和手指作用于铅球。最后用力对铅球出手初速度的贡献率高达80%~85%。

最后用力要与滑步紧密结合，用力顺序正确，动作连贯，加速明显，并有牢固的左侧支撑。最后用力动作正确与否，直接影响铅球的出手初速度、出手角度和出手高度。它包括积蓄力量和加速推球两个阶段。

（1）最后用力的积蓄力量阶段。最后用力的积蓄力量阶段是指从左脚落地到身体形成侧弓这一过程。滑步结束后，背对投掷方向，肩轴与髋轴成"十字"扭紧，两脚左右成"外八字"开立，站距约一肩半，左脚尖与右脚跟几乎在一条直线上，左腿自然伸直，左脚前脚掌内侧着地，形成有力的左侧支撑，右腿弯曲，右脚前脚掌着地，体重压在右腿上，目视前下方2~3米处。紧接着，右腿积极蹬转，推动右髋向投掷方向转动，上体在转动中逐渐抬起。为加快上体转动和抬起，左臂由胸前向投掷方向牵引摆动，使身体由背对投掷方向转至侧对投掷方向。此时肩轴仍落后于髋轴，左臂和左肩高于右肩，体重大部分仍在弯曲而压紧的右腿上，身体形成侧弓姿势，拉长的肌群成待发之势，为躯干最后用力推球动作创造了条件。

（2）最后用力的加速推球阶段。最后用力加速推球阶段是指从身体形成侧弓到铅球出手这一过程。身体形成侧弓后，右腿继续蹬伸，加速右髋向投掷方向转动和上体的前移，体重逐渐移至左腿，左膝被动微屈，左臂由上向身体左侧靠压制动，同时挺胸抬头，快速转体，用力推球。当铅球将要离手时，手腕内转屈腕，手指有弹性地拨球，加快出手速度。铅球出手角度一般是35%~39%。

铅球离手后，两腿前后交换，同时身体左转，并及时降低身体重心，以便减缓向前的冲力，维持身体平衡，避免出圈犯规。最后用力推球力量的大小取决于右腿，它是推铅球的主要动力来源。右腿正确的蹬伸用力，能保证髋部正确地运动，而髋部的动作将直接影响上体的抬起和转体，以及身体侧弓动作的形成。

最后用力过程中，左腿的支撑动作非常重要。它可以有效地保证动量转换，从而加快上体和铅球向前上方运动的速度；它可以提高铅球的出手高度，并使铅球获得较大的垂直分力，进而达到理想的出手速度和出手角度。

最后用力中，髋轴与肩轴之间的位置关系是正确用力顺序的标志，也是能否充分发挥下肢和躯干肌肉力量的关键。最后用力前，髋轴在前，肩轴在后，两轴形成一定的交叉角，使躯干肌群充分扭紧。最后用力开始后，右腿用力蹬伸，推动右髋转动，使肩轴更加落后于髋轴，从而使躯干肌群得到最大限度的扭紧。当髋轴转至接近正对投掷方向时，肩轴迅速转动，赶超髋轴，形成自下而上的用力顺序，使下肢和躯干肌肉的力量得到充分的发挥。

4. 旋转推铅球技术介绍

旋转推铅球技术是目前世界上最先进的推铅球技术，旋转推铅球是从背对投掷方向开始的，身体向右转动，然后向左移动重心，以左脚为轴进行转动。当转至面对投掷方向时，右腿向前摆动跨步，内旋内扣，落在投掷圈中心附近，然后继续转动。左腿在右腿摆动跨步的同时收腿后插，落在投掷圈中线的左侧 10 厘米的铅球抵趾板内侧处，形成最后用力前的良好姿势，然后完成最后用力技术动作，将铅球推出。旋转推铅球的最后用力技术动作与背向滑步推铅球的最后用力技术动作基本相同，不同之处主要是在推铅球的预先加速形式上。旋转推铅球技术可以增加铅球预先的加速距离，与背向滑步加速距离相比，接近两倍。

在旋转推铅球最后用力时，可以采用支撑投然后交换腿的技术，也可以采用直接跳投交换腿的技术。在背向滑步推铅球技术中也可以采取这两种不同的铅球出手时的技术动作。

最后用力铅球出手时采用支撑投交换腿技术的优点是能够充分发挥腿部肌肉最大的力量，整个技术动作比较完整；缺点是最后用力铅球出手时的加速不够积极，动作幅度较小。采用跳投交换腿技术的优点是最后用力铅球出手时的加速动作比较积极，全身爆发性用力比较集中，动作幅度较大；缺点是左侧支撑的技术不够稳定，交换腿的时机不易掌握好，容易影响全身力量的充分发挥。

两种技术各有特点，使用时应根据个人的习惯和技术特点来选择不同的技术，以保证能够取得最佳的技术效果。

（二）专门性练习方法

1. 手臂推击和制动动作的技术练习

（1）推药球练习。双肘抬起，右手大拇指朝下，握住一个 2 千克或者 3 千克的药球，采用由内向外的动作将药球推给搭档或者推向围栏。推出时大拇指始终朝下，手顺势向外跟进。

（2）搭档高位击掌练习。面对搭档站定，搭档充当训练的靶点。右臂肘部弯曲，右手位于肩膀上方，保持左侧手臂舒展在身体中线上。搭档一只手举在空中作为靶点，运动员用右手推击搭档的手掌。在推击时右臂肘部抬起，大拇指朝下，采用与真实投掷相同的角度推出，并保持手臂的同轴性。

几次重复之后，增加制动动作。这个练习的发力顺序为：制动—推击。运动员会感觉到由制动动作带来的力量汇聚和额外的动力。

（3）跪地投练习。在这项练习中，要利用推铅球来强调制动动作。如果是右手持球运动员，那么应该右膝跪地，并将铅球从颈部挪到肩膀上，身体应面向落地区，左臂在身体中线前方稍微弯曲，采用搭档击掌练习中描述的由内向外推击动作推出铅球。不用强调投掷的距离，而应该重点强调良好的出手技术。

（4）直角投练习。面向投掷方向，右膝跪地，左臂放松与身体中线呈35°，并伸向落地区中间方向。右手托在铅球下方，将铅球置于三角肌上方摆成准备投掷姿势。利用正确的手臂伸展和手腕动作沿着投掷方向推出铅球，左臂在身体中线上保持伸展。

（5）制动投练习。面向落地区，右膝跪地，将铅球从颈部挪到肩膀上面，左臂在身体中线前略微弯曲，采用搭档击掌练习中描述的由内向外的推击动作推出铅球。推击的同时，左手收向左肩，手臂后侧拉向胸腔，注意控制肩膀不要发生转动。

（6）转腰投练习。面向落地区，右膝跪地，将铅球从颈部挪到肩膀上面，左臂在身体中线前略微弯曲，将肩膀向右侧旋转90°，使铅球位于右髋后面，沿投掷方向推铅球。不用发力旋转，肩膀会自然地向前方转动。

2. 滑步阶段的技术练习

（1）A字形练习。采用正常的开始姿势，髋部后坐，让大部分重量落在右脚脚跟上面，左腿后摆插向抵趾板方向，同时保持右脚脚跟踏在地上。在做该动作期间，髋部应当保持低位，肩膀应当与投掷圈后部保持垂直。可以做有球练习，也可以做无球模仿。这个练习动作会形成一个拉长的身体姿势，从侧面看类似于字母A。

（2）迷你滑步练习。滑步的节奏非常重要，核心力量不足可能会妨碍运动员掌握合适的节奏。迷你滑步练习是学习掌握双脚同时落地的绝佳方法。进行一个缩短版的滑步，要重点强调正确的节奏。以15厘米的滑步距离开始，并在此基础上逐渐增加。随着对节奏的领会能力和滑步力量的增强，逐渐加长滑步距离。

(3) 搭档滑步练习。在穿过投掷圈朝抵趾板移动时应保持肩膀收紧，这通常是滑步式推铅球的最大挑战。搭档滑步练习强调在滑步中保持肩膀收紧（与投掷圈后部垂直）。让搭档握住运动员的左手，在投掷圈后部站成正常的起始姿势。搭档通过在滑步期间随着运动员的滑步动作向前走动来提供轻微的拉力，确保运动员的肩膀处于收紧状态，并垂直于投掷圈后部。重复进行5组练习。

3. 最后用力的专门技术练习

（1）转髋练习。从超越器械姿势开始，保持肩膀收紧，重心落在右腿上，搭档要么握住左手手臂，要么握着一根系在左手臂上的弹力绳，这可以使运动员在转髋时肩和躯干仍留在后面。髋部在右腿上向前转动时，右腿做出类似于用脚底碾灭烟蒂的动作。该练习有一种变化形式，可以同时转动髋部和左臂，还可以在肩上扛一根木棍进行转髋练习。

（2）前击药球练习。两脚向前顶住抵趾板站定，面向投掷区，右手托在铅球下方，铅球位于三角肌上方。右脚向后撤步呈与肩同宽的姿势，身体大部分重量都落在右腿上面。从这个经过调整的超越器械姿势开始，使劲地蹬伸右腿，同时右脚内转。要体会双腿及髋部独立于上半身运动的感觉。在下半身完全伸展并转向前方时，做出手动作，同时保持左脚牢牢地踏在地上。前击推球练习非常适合作为原地投球技术练习之前的预热活动。

（3）原地投球练习。背对投掷方向，双脚与肩同宽前后站定，并且两脚呈脚跟对准脚尖的姿势，右脚转向最后用力开始时的方向。弯曲右腿，保持躯干直立稳固。左腿稳定并略微弯曲，左脚位于距离抵趾板2.5厘米远，刚好在中心线偏左的位置。尽管在躯干上可能会感觉到一些张力，但是超越器械姿势应当使人感觉舒服自在。眼睛注视着投掷圈后方1.8~2.4米处的固定位置。从身体中段部位启动转动动作，随着髋部转动，重心从右脚转移至左脚，通过右脚脚掌转动蹬伸转髋。

4. 完整技术的练习

（1）滑步—停止—继续投练习。该技术的练习方法将整个投掷过程分解成两个部分，采用与一次完整投掷相同的姿势，不过在滑步穿过投掷圈圆心之后要在原地投练习姿势停住，这时教练员观察运动员姿势是否正确。观察（通常几秒时间）完之后，教练员会喊出"继续"或者拍手让运动员继续完成投掷。

该技术练习有助于教练评估运动员滑步穿过圆心之后形成姿势的正确程度，但是这个练习没有考虑从滑步到最后用力的快速过渡。因此，教练员应当确保运动员不能习惯于在投掷圈的中间停住。重复3至5次这个练习，有助于运动员对超越器械姿势形成良好的运动感觉。

（2）不做换脚动作的完整投球练习。在身体的中段部位启动投掷动作（近端至远端），同时髋部进行转动，身体重量从右脚转移至左脚，该动作开始于力量大、速度慢的近端关节，结束于力量小、速度快的远端关节。大部分技术练习（70%）都不应做换脚动作，所有的原地投技术练习和10至15次的完整投技术练习同样不应包含换脚动作。

二、铅球运动技术训练要点

技术训练的目的是创造合理的用力条件，最大限度地发挥运动员的综合素质能力，创造优异的运动成绩。

在技术训练中，要明确技术发展规律，了解推铅球技术的动作结构和特点，经过反复练习不断强化，建立技术的动力定型，提高技术质量。推铅球技术是由助跑（滑步/旋转）与最后用力二者结合的技术组成的，助跑使铅球获得一定预先速度，并为最后用力提供最佳的技术姿态。最后用力是推铅球技术的关键环节，应贯穿于整个训练过程中并占有较大比重。

进行技术训练时，要熟悉铅球性能，先进行原地推铅球技术训练，再结合助跑推铅球，熟练掌握助跑与最后用力衔接，最后进行完整推铅球技术训练。

三、铅球训练中应注意的问题

（一）原地推铅球训练注意事项

①原地推铅球是推铅球技术的重要部分，当基本掌握原地推铅球的技术后，应及时转入滑步推铅球的完整技术练习。但是在后续的训练中，每次训练仍要抽出一定的时间进行复习、巩固和提高。

②采用橡胶球、实心球、铅球和徒手的各种专门练习，有助于获得正确的本体感觉，学会快速发力的方法和正确的用力顺序，这不仅对掌握技术有很大作用，而且对发展专项运动素质也有重要意义。因此，该练习在训练初期应广泛采用，尤其要选用那些与最后用力有关的练习。

③在原地推铅球训练中，应自始至终抓住右腿的蹬转跪撑和躯干的用力动作，因为它是力的主要来源。

（二）侧向滑步推铅球注意事项

①滑步技术比较复杂，特别是蹬摆力量的结合和快速拉收右腿的动作难度较大。为了更好地掌握技术，应多采用一些诱导性练习。

②在滑步训练中,当基本掌握徒手滑步动作后,应及时转入持球滑步练习。

③在滑步训练中,始终要抓住以下技术重点:

一是左腿摆动的方向;二是右腿蹬地后收腿的速度和距离;三是滑步后两脚的落位及身体姿势。

④侧向滑步推铅球的训练应在背向滑步推铅球练习之前进行,因为前者技术相对容易掌握,而且前者可作为后者的一种诱导性练习。

(三) 完善和提高侧向滑步推铅球注意事项

①应根据运动员的个人情况,提出不同要求。在技术细节和具体要求上,不要强求一致。

②改进技术应以专门练习、诱导性练习和分解练习为主,提高技术应以完整技术为主。

③在这一阶段,要加强训练能力的培养,练习中相互观摩,纠正错误动作。

(四) 背向滑步推铅球注意事项

①滑步技术比较复杂,特别是蹬摆动作的结合和快速拉收右腿的动作难度较大,为了便于掌握技术,应多采用一些诱导性练习。

②在滑步训练中,当基本掌握徒手滑步动作后,应及时转入持球滑步练习。

③在滑步训练中,始终要抓住以下技术重点:一是左腿摆动的方向;二是右腿蹬地后收腿的速度和距离;三是滑步后两脚的落位及身体姿势;四是应在背向滑步推铅球训练之前先进行侧向滑步推铅球的练习,因为侧向滑步技术相对容易掌握,而且它可作为背向滑步的一种诱导性练习。

(五) 完善和提高背向滑步推铅球注意事项

①应根据每个人情况,提出不同要求。对每个人在技术细节掌握和具体要求上,不要强求一致。

②改进技术应以专门练习、诱导性练习和分解练习为主,提高技术应以完整技术为主。

③在这一阶段,要加强训练能力的培养,练习中相互观摩,纠正动作。

牢记推铅球技术要领口诀:

球置区分指根上,屈肘翻腕肩窝放。
预摆重心要平稳,滑步加速莫停顿。
右腿蹬跪左腿撑,转髋挺胸要抬头。
推拨铅球猛用力,换腿转身保平衡。

第二节　标枪运动技术与训练特点

一、掷标枪技术与专门性练习方法

（一）掷标枪基本技术

掷标枪是田径运动中技术比较复杂的速度力量性项目。为了便于分析，将掷标枪技术分为握枪和持枪、助跑、最后用力、维持身体平衡四个部分。下面以右手掷标枪为例进行技术说明。

1. 握枪和持枪

（1）握枪。握枪主要有普通式和现代式两种握法。

①普通式握法：将标枪斜放在右手掌心，拇指和食指握住标枪把手末端边沿，其余手指自然弯曲握在标枪的把手上面。

②现代式握法：将标枪斜放在右手掌心，拇指和中指握在标枪把手末端边沿，食指自然弯屈斜放在枪身上，无名指和小指自然弯曲握在标枪把手上。

目前多数运动员采用现代式握法。其优点是利用中指的长度，增加最后用力工作距离，使标枪在出手瞬间产生绕自身纵轴更强地旋转，而且有利于最后用力前腕部的放松。

（2）持枪。持枪主要有肩上持枪和肩下持枪两种方法。

①肩上持枪：右手持枪于右肩上方，持枪手靠近头部，高度与头顶齐平或稍高于头，枪身与地面平行或枪尖略低于枪尾。

②肩下持枪：运动员在预备姿势和助跑的前半段，持枪臂自然下垂，预跑一段距离后，将持枪臂上举成肩上持枪姿势。

目前多数运动员采用肩上持枪，这种方法动作简单，持枪手的手腕比较放松，便于向后引枪和控制标枪。

2. 助跑

助跑的目的是在最后用力前使标枪获得一定的预先速度，并在助跑结束时完成引枪和超越器械动作，形成最后用力前的有利姿势，为最后用力创造良好的条件。

掷标枪时应采用直线助跑，距离一般为25~35米。助跑动作要自然、流畅，节奏鲜明。在整个助跑过程中要控制好标枪，清晰地完成预期动作和保持枪的平稳运行。助跑全程14~18步，分为预跑和投掷步两个阶段。

（1）预跑阶段。预跑的任务是通过助跑获得一定的水平速度。预跑从第一标志物起到第二标志物止，距离一般为12~20米，通常是左脚踩在第一标志物处，迈右腿开始预跑的第一步，跑至左脚踏上第二标志物处结束，需跑 8~14 步。力量型运动员通常预跑距离较短，而速度好的运动员预跑距离较长。助跑速度的快慢应与运动员的技术熟练程度和身体素质水平相适应，随着技术的改进和训练水平的提高，预跑速度应逐渐提高。

预跑动作应放松自然，上体与地面垂直，前脚掌着地，大腿高抬，后蹬有力，富有弹性和节奏，两眼平视前方，在直线加速中进入交叉投掷步阶段。

（2）投掷步阶段。投掷步的任务是继续加快下肢动作速度，在加速节奏中正确完成引枪、交叉步和超越器械动作，为最后用力创造条件。

投掷步阶段从左脚踏上第二标志线迈右腿开始，至最后一步左脚落地时止。投掷步分为跳跃式投掷步和跑步式投掷步：跳跃式投掷步摆腿较高，后蹬有力，人体腾空较高，步幅较大，有利于两腿进行充分的蹬摆、完成引枪和超越器械动作；跑步式投掷步如同跑步的动作，步频较高，速度较快，完成投掷步时身体重心腾起高度较低，运动轨迹较平稳，能够较好地利用助跑水平速度。两种投掷步各有优缺点，应该视投掷者自身的技术特点选择适合的投掷步技术。

投掷步的步数通常是 4~6 步。下面以四步投掷步技术为例进行分析。

第一步：左脚踏上第二标志线，右腿积极前摆，右肩后撤，上体向右转动。持枪臂直臂向后引枪，枪身靠近身体，目视前方，髋部正对投掷方向。

第二步：右脚落地后积极蹬地，左腿前摆，肩继续后撤，上体继续向右转动，左臂前引，在第二步左脚落地时，伸直右臂完成引枪动作，身体转至侧对投掷方向。引枪结束时，标枪被控制在离身体较近的位置，枪头靠近右肩，肩轴与投掷方向一致，与髋轴有较小的夹角，躯干与地面基本保持垂直。

第三步（交叉步）：第三步是从左脚落地右腿快速前摆开始的。左脚落地后，左腿有力地蹬伸，同时右大腿带动小腿快速前上摆，使下肢加速向前，髋转向投掷方向，髋轴与肩轴交叉，形成下肢在前、躯干扭紧、器械在后的超越器械姿势。交叉步右脚落地时，左腿已摆至右脚前方，躯干后倾角度为 20°~25°。

第四步（最后一步）：是助跑与最后用力衔接的关键环节。右脚落地前，右腿膝关节稍有弯曲，右踝适度背屈。落地时右脚跟先着地，迅速过渡到全脚。右脚落地后，右腿被动屈膝缓冲，缓冲幅度不宜过大。当身体重心移过右脚支撑点上方时，右腿积极蹬伸，推动髋部加速向前运动。此时左脚已在右脚前方，快速前迈落地。左脚落地时，应保持躯干在交叉步中形成后倾角度。

投掷步四步的步长比例是：第一、二步较大，以便于完成引枪动作；第三步最大，以便有时间做出超越器械动作，为最后用力做准备；第四步最小，以利于助跑和最后用力的衔接，尽快形成稳固的双腿支撑。

男子标枪运动员在投掷步阶段的平均速度为6~8米/秒，女运动员平均速度为5~6米/秒。由于助跑使人体和器械获得一定的预先速度并形成更合理的用力准备姿势，因而优秀运动员助跑掷标枪的成绩可以比原地掷标枪提高20~30米。

3. 最后用力

最后用力是掷标枪技术最重要的部分，对掷标枪成绩影响最大。交叉步结束右脚着地后，身体继续向前运动，当身体重心越过右脚支撑点上方时右腿积极蹬伸，开始最后用力。

最后用力过程经历"满弓"和"鞭打"两个阶段。

右腿蹬转即将结束时，左脚快速落向前方偏左的位置，距右脚的横向距离为20~40厘米。左脚落地时先用脚跟着地，再过渡到全脚，这时左膝接近伸直。左脚着地后，左腿做出有力的制动，形成从左脚到左肩的左侧支撑。左脚着地后，右腿继续蹬地，在惯性的共同作用下使右髋加速向投掷方向转动，使髋轴超过肩轴，并带动肩轴向投掷方向转动，躯干转向投掷方向。左臂摆至体侧制动，加快身体转动的速度。在右臂持枪转肩的同时翻右肩，右臂旋外肘上翻，上体转为面对投掷方向，躯干呈背弓形状，形成"满弓"姿势。此时投掷臂位于身后，与肩同高，与躯干接近成直角。

"满弓"形成后，继续挺胸，投掷臂最大限度地留在身后，肩部肌群充分拉伸。由于向前的惯性作用，身体重量大部分已移至左腿。左腿在小幅度的屈膝缓冲后迅速蹬伸，同时以胸部和右肩带动投掷臂向前做爆发性"鞭打"用力动作。"鞭打"用力要作用于标枪的纵轴，控制标枪于最佳的出手角度出手（最佳出手角度在32°左右）。标枪在出手瞬间手指的拨枪动作可以使标枪沿自身纵轴按顺时针方向自转，提高标枪在空中飞行的稳定性。

在最后用力时，合理的用力顺序是获得最大出手速度的关键。从右脚落地后的及时发力至右臂的快速"鞭打"和标枪出手，人体各个环节形成一个完整的运动链，参与用力的各个环节自下而上依次用力，右腿、右髋、右肩、右肘、右腕依次加速，实现各个环节从下至上的动量传递，最后传递给器械，使标枪达到最大的出手速度。投掷步与最后用力的衔接是技术的难点，良好的衔接动作能减小最后用力前身体重心水平速度的损失，提高助跑速度的利用率，有利于最后用力前合理准备姿势的形成。为了做好衔接动作，运动员在交叉步时身体腾空不要过高，在右脚着地后要及时发力蹬伸，同时左脚积极前迈，主动快落做好制动和支撑。

最后用力过程中，左腿、左髋、左肩形成的左侧支撑和用力动作至关重要。在左脚着地后，左腿强有力的支撑可以为最后用力提供牢固的支撑点，加快上体和右髋向前的运动速度；左腿短暂的屈膝缓冲和快速蹬伸用力，可以提高人体和器械向上的垂直速度和出手高度。在最后用力过程中，左臂适时、快速地摆动和制动可以有效地加快身体右侧环节向前的运动速度，提高"鞭打"用力的效果。

4. 标枪出手后的身体平衡

标枪出手后，运动员必须停止身体向前的运动和维持身体平衡，以免整个投掷动作因踏踩投掷弧犯规而失败。此时，运动员的右腿应及时向前跨出一步，身体重心降低，积极制动。多数运动员在1.5米左右的距离可以完成制动动作，最后一步左脚落地点至投掷弧的距离为2米或更远一点。

（二）专门性练习方法

1. 基础动作的练习

（1）单手轻掷标枪。向后引标枪，使标枪枪头朝下，尾端朝上形成45°。轻掷标枪，把它插在身体前面大约3米处的地面上。感受标枪离开食指时的旋转，体会出手后手部的内转并形成大拇指朝下的动作。多次重复该动作，直到能够控制标枪的旋转。

（2）双手轻掷标枪。选择一种握法，像单手轻掷标枪练习那样握住标枪：标枪后引，枪尖朝下，尾端以45°朝上，将左手放在右手上面。双脚平行站立，身体后仰成C字形。迈步进行投掷或者从双脚前后站立姿势开始投掷。选择一个大约3米外的目标，并尝试着用标枪插向该目标。在训练场地上向前走动并重复该练习，同时逐渐增加目标的距离。

（3）投枪姿势。起始姿势为：标枪位于右肩膀上方，肘部与耳朵平齐，理想状况下肘部应朝着投掷方向。瞄准一个位于10米以外的目标，随着能力的提高，可以加大目标距离。左脚位于身体前方并指向投掷方向，右脚蹬地并向前迈到左腿前面，顺势将标枪掷向目标。训练时应专注于利用身体右侧发力带动将标枪投出。

（4）原地投枪练习。左脚在前、右脚在后朝着投掷方向站立。体重落在弯曲的右腿上。手部向身后完全伸展并位于肩膀上方进行引枪。转动肩膀，使肩膀与标枪平行，并指向投掷方向。左臂在胸前弯曲，位于标枪枪头的下方，左肘指向投掷方向。通过右腿伸展开始投掷动作，该伸展动作使右髋向前上方转动，并向前拉动标枪，以右肘引领着标枪的运动。当运动员的身体重心越过弯曲但稳定支撑的左腿时，以快速的手臂挥击动作，在肩膀上方掷出标枪，要用整个手推动缠绳把手。手掌向上，以便在最优的35°出手角度上给予标枪最大的出手速度。

（5）上三步投枪练习。标枪处于引枪位置，右脚位于左脚前方。抬起左臂并保持稍微弯曲，同时掌心朝下（大拇指向下），下巴位于左肩附近。迈步顺序是左脚—右脚—左脚。当身体左侧形成超越器械姿势时，身体右侧开始发力做动作（蹬转）。

（6）完整助跑投枪练习。以左脚先迈步开始一个11步的助跑。先以行走的方式助跑，对行走脚步进行计数，并决定在哪一步开始引枪。可以分别以行走、慢跑和跑动的方式进行无枪模仿练习。在无枪模仿练习之后，可以开始持枪练习，并按相同的方式（行走、慢跑和跑动）继续练习，但不必真正将标枪投出。

2. 投药球练习

（1）原地投药球练习。以超越器械姿势站立，体重落在右腿上，双手握住药球。为了启动投掷，以右脚脚掌为轴蹬转，随着朝墙投出药球，右脚向前迈出。保持双臂放松，在上半身发力做动作之前先进行下半身的转动。专注于正确的技术，不用在意投掷距离。

（2）上三步投药球练习。双手持药球举过头顶，右脚在前左脚在后站立，下巴靠近左肩。迈步顺序是左脚—右脚—左脚。当身体左侧形成超越器械姿势时，身体右侧开始发力做动作（蹬转）。

（3）持药球转体练习。开始时，双手持药球位于腰际线高度，双臂稍微弯曲。将药球转动到身体一侧。该练习中有两个关键点：一个关键点是腰部转动的同时，保持双脚脚趾笔直朝前；另一个关键点是每次转动时，将体重彻底从身体一侧转移至另一侧，不断地从一侧向另一侧转动。

3. 技术训练

（1）转髋练习。在这个技术练习中，当身体左侧形成超越器械姿势时，身体右侧已经开始做出动作（蹬转），这一点很重要。双脚以超越器械姿势站好，将几乎所有的体重都放到右腿上，右脚脚掌踩着地面向内转动，向上传递带动腿和髋部的转动。

（2）持枪转肩练习。这是一个可以增强肩部柔韧性和灵活性的动态拉伸练习。通过这个练习可以发展和提高掷标枪时肩部的动作幅度。双手比肩略宽握住标枪，保持双臂伸直，将器械举过头顶并向身后振臂，动作的幅度越大越好。

（3）肩扛标枪的转腰练习。原地站立，将标枪扛于颈后肩上，双手牢牢地握住标枪，双手距离中心越远越好。沿着一个方向转动上半身，在躯干完全旋转之前，沿着相反方向转回，重复这个动作。这个技术练习可以增强躯干肌肉力量。

4. 跑的技术练习

（1）引枪技术练习。以头上持枪的姿势慢跑10步，接着将标枪向后引至手臂长度，持枪手位于肩膀上方，在此前提下，进行10个连续的交叉步。引枪后保持肩膀转到与标枪平行方向，并让髋部朝向跑动方向。左肩高抬，同时左肘朝向跑动方向。分别完成向前6组和跑回6组的练习，总共跑动240步。

（2）交叉上步技术练习。髋部与标枪平行，双脚指向身体前方并与髋轴呈90°。身体向左侧移动，抬起右脚，使其从前面交叉穿过左脚，接着向左侧挪动左脚，以使双腿不再交叉。在这个练习中，不同的运动员髋部的朝向可能存在一定程度不同，因为有些运动员会采用更加线性的助跑来尽量提高助跑速度。接下来，右脚再次从前面交叉越过左脚，之后向左侧拉动左脚来分开交叉的双腿。以行走、慢跑或者跑的方式重复进行练习。可以在不持枪但双臂伸直、与髋平行，或者双臂向前伸出与髋部呈90°的状态下进行该练习。随后，可以尝试向前跳跃着进行交叉步练习。可以在草地或者一个轻微的小坡上完成这些技术练习。

二、标枪运动技术训练的要点

助跑和最后用力是掷标枪完整技术的主要部分，二者的紧密衔接是掷标枪技术的难点，最后用力是掷标枪技术的重点。最后出手技术主要让每个人掌握侧身引枪成"满弓"，挺胸转肩挥臂猛烈鞭打。持枪助跑引枪练习主要让运动员掌握握枪和持枪方式，学习持枪助跑和投掷步。从助跑到最后用力的衔接是整个掷标枪技术中重要一环。标枪运动技术训练时，要做好助跑交叉步，引枪要直，注意用力顺序，自下而上。要注意"助跑动作是否放松，有节奏""最后两步是否减速""投掷步是否与最后用户脱节""是否形成超越器械""掷标枪时正确的用力顺序是右腿蹬地"等问题。在进行标枪投掷中，要推动膝关节转向投掷方向，由髋带动躯干、肩、上臂、前臂，最后从手指掷出。这个用力顺序不仅能够使全身大部分肌肉参加工作，而且能够保证有较长的工作距离。

三、标枪训练中应注意的问题

（一）握、持枪技术训练注意事项

要反复体会，选择适合自己的握、持枪方式。

（二）插枪技术训练注意事项

插枪时要注意将持枪臂举高，自上而下沿枪身用力。

(三) 原地侧向掷标枪和上步掷标枪技术训练注意事项

用力方向和顺序要正确，上步和掷标枪衔接要连贯。

(四) 投掷步掷标枪技术训练注意事项

①做交叉步动作时，左右腿蹬、摆配合自然协调，幅度适宜，控制好标枪的位置。

②四步投掷步应该呈积极加速节奏，第三、第四步动作连贯，结合紧密。

(五) 全程助跑掷标枪技术训练注意事项

①练习时先在慢速助跑中进行，逐渐加快助跑速度。

②注意动作的连贯性和节奏，从预跑、投掷步到最后用力，动作要连贯，节奏感要强。

③完整技术练习开始阶段要重点体会动作，不要急于追求远度。

(六) 完善和提高掷标枪技术注意事项

①加强训练密度，通过反复练习巩固提高技术。

②在基本掌握正确动作的前提下，介绍不同技术风格和技术形式，根据每个人的不同特点，选择适宜的投掷技术。

③注意训练的目标不是单纯追求掷标枪的远度成绩，应将重点放在完善技术上。

第三节 铁饼运动技术与训练特点

一、掷铁饼技术与专门性练习方法

(一) 掷铁饼基本技术

完整的掷铁饼技术（以右手投掷为例），主要包括握法、旋转、最后用力和维持身体平衡四个部分。

1. 握法

五指自然分开，将拇指和手掌平靠铁饼平面上，其余四指末节扣住铁饼的边缘。手腕微屈，铁饼上缘靠于前臂。持饼臂自然方式下垂于体侧。

2. 旋转

(1) 预备姿势和预备动作。预摆的目的是使静止的铁饼产生运动的势能，以便投掷者能够利用这种势能惯性更好地控制铁饼，并使身体放松，获得最有利的工作起始状态。

预摆时背对投掷方向，两脚左右开立，比肩略宽。站立于投掷圈后沿中线的两侧。双膝微屈，两脚平行，左脚尖稍稍离开投掷圈后沿。在预摆过程中要转动躯干,尽量将铁饼向右后方摆动,同时身体重心逐渐移至右腿之上。预摆结束时将人体充分扭紧。

(2) 进入旋转技术环节。预摆结束后,右脚稍蹬地,身体重心向左脚移动,以左脚掌为旋转轴,左脚尖、左膝和左臂同时向投掷方向转动,持铁饼的投掷臂充分伸展并保持在身后。此时应保持较低的身体重心,躯干稍稍前倾,身体重心由右腿逐渐移向左腿,形成左侧旋转轴。进入旋转技术环节后,身体重心由右腿向左腿旋转轴移动得充分与否,以及人体能否保持良好的超越器械状态,对于后续技术动作的顺利完成尤为重要。

(3) 完成旋转技术动作。旋转的目的是使人体和铁饼在最后用力之前获得一定的预先速度,并使人体充分扭紧,形成超越器械技术状态。同时,要为最后用力形成有利的预备姿势。

在投掷圈后沿处,在完成预摆技术动作后已经将身体重心移至左腿的过程中,继续左转,使左膝、左肩和视线转向投掷方向,形成身体左侧旋转轴。右腿以大腿带动小腿沿大半径围绕左腿旋转轴摆动,摆动时右脚贴近地面。当身体重心移过弯曲的左腿时,左脚蹬地推动人体重心向投掷圈的中心移动,左脚蹬离地面后进入人体腾空状态。在保持上肢充分伸展的同时,右髋迅速向内转扣,缩小下肢转动半径,并使角速度加快,取得身体的进一步扭紧和超越器械。右脚以前脚掌于投掷圈中心附近积极落地,脚着地后不停顿地快速转动。身体重心压在右脚上,形成以身体右侧为轴的单腿支撑旋转。同时左腿迅速内收后伸外旋,以前脚掌内侧主动落地,形成投掷最后用力前的良好预备姿势。

整个旋转过程中注意投掷臂和铁饼始终置于身后,躯干跟随骨盆和双腿的转动而顺势转动,并保持较低的身体重心。

3. 最后用力

最后用力是掷铁饼完整技术中最重要的阶段,它的主要目的是进一步为铁饼加速,并形成铁饼出手的适宜初始状态。在这个阶段,人体用力作用于铁饼的工作距离越长、力量越大、速度越快,则铁饼出手时的初速度就越大,加之合理的出手角度和适宜的飞行状态,投掷距离就会越远。

决定最后用力动作完成质量的主要因素包括:形成正确的最后用力预备姿势;旋转与最后用力连贯衔接;动员全身最大快速力量能力,在人体—器械系统获得的预先旋转速度基础上继续大幅度地为铁饼加速;形成适宜的铁饼出手状态;等等。

在右脚落地之后不停顿地转动过程中,左脚在投掷圈前沿附近的中线稍偏左处积极落地。在右腿支撑体重、人体充分扭紧和超越器械的最后用力预备姿势基础上，右髋、右腿迅速向投掷方向转动，有力地带动躯干和投掷臂运动，促使铁饼沿着最大弧线向投掷方向加速转动。左侧身体形成有力支撑，使身体右侧和铁饼绕左侧轴转动。当右髋接近转向投掷方向时，继续转动并向前送髋，同时蹬伸右腿。左肩和左臂也加速转向投掷方向，拉长胸部肌群。随着右腿继续蹬转用力，身体重心向支撑的左腿移动。与鞭打出手动作相配合，身体左侧轴不仅要保持稳固的支撑，并且要积极支撑用力，在此基础上躯干和投掷臂以爆发式迅猛的用力方式完成以胸带臂的鞭打出手动作。

铁饼出手即刻，身体重心达到较高位置，铁饼与右肩同高，约以35°的角度从右手食指末节离手。

4. 维持身体平衡

铁饼出手后，为了避免犯规，投掷者应降低身体重心，及时交换两腿位置，并顺转动惯性转体以维持平衡。

（二）专门性练习方法

1. 正确出手技术的练习

（1）铁饼预摆技术练习。两脚与肩同宽站定，铁饼握在投掷手中，把左手放在左侧三角肌上方，呈服务员持托盘姿势。以肩膀高度前后来回摆动铁饼，用左手接住铁饼，体会将铁饼从手中推出的感觉。

（2）上抛铁饼技术练习。上下摆动手臂，将铁饼向上抛到空中，体会用手挤压铁饼将其从食指上拨出的动作。这个训练可以锻炼出手感觉。

（3）滚动铁饼技术练习。这个训练方法用于掌握铁饼正确的出手技术。将铁饼放在投掷手上恰当的位置，然后采用与掷保龄球一样的手臂动作滚动铁饼。铁饼离开手时，大拇指和食指做一个挤压的动作捏在一起，将铁饼滚给4.6米外的搭档。注意挤出铁饼的动作，确保铁饼是从食指上滚下来的，并且不要左右摆动。一旦运动员可以熟练地将铁饼在4.6米远的距离上滚动，那么就可以增加与搭档间的距离或者滚向一个目标物体。

2. 旋转动作的技术练习

沿直线后撤步旋转技术。双手叉在髋部，左脚在前右脚在后，沿着一条直线站立。当教练下达"向前跨步"的指令时，右脚向前迈步踩在线上。下一个指令是"旋转"，此时以双脚为轴旋转180°。旋转之后，当教练下达"向后撤步"的指令时，左脚沿着直线径直向后撤步踩在线。最后的指令是"旋转"，此时以双脚为轴旋转180°返回最初的起始姿势。不断重复该练习，逐渐过渡到持饼模仿练习。这个练习有助于体会以脚为轴转动的概念。

3. 最后用力阶段的技术练习

（1）跪地投掷技术练习。该技术练习利用锥筒或者保龄球瓶向运动员传授出手阶段基本的挥臂动作。右膝跪地（双脚与肩同宽），面向投掷方向，右手握着一个锥筒或者保龄球瓶，左手放在左肩三角肌的上方，呈服务员托盘姿势。在与肩膀平齐的高度上前后摆动锥筒或者保龄球瓶，摆向左侧时用左手接住，进行这种预摆以体会锥筒或保龄球瓶的拖曳感。预摆练习适应后，便可以开始制动和出手动作练习。左臂舒展地位于身体中线前，指关节朝向投掷方向，然后通过肘部的弯曲动作将手臂收向身体，以制动身体左侧的运动，由制动动作带动锥筒或保龄球瓶的挥摆。首先，在不用器材的情况下进行跪地制动和挥臂动作练习，直到掌握了动作要领；其次，可以引入坐垫来进行更多的重复练习；最后，使用锥筒来体会器材的拖拽感，随后使用保龄球瓶练习来增加器械的阻力。

（2）连续低强度的投饼技术练习。采用超越器械姿势手持铁饼开始练习，用30%至50%的强度连续完成几次轻松的原地投饼练习。右臂始终保持在肩部高度，重点强调每次铁饼出手时完美的飞行轨迹，保持双脚一直踩在地上，不用进行换脚动作。铁饼出手后，走过落地区拾起铁饼继续进行这种低强度的原地投练习，用以热身并体会器械的出手感觉。初学者可以在训练课的开始和结束时花15分钟在落地区上进行这种练习。一旦掌握了出手技术，就可以进一步进行原地投技术训练。在学习掷铁饼的出手技术时，每次重复进行25次这种练习是一个非常好的选择。在比赛或训练之前，这种练习方法通常可以作为专项热身活动（重复4~6次）的一部分。

（3）原地投技术练习。以超越器械姿势（双脚与肩同宽，双脚呈脚跟与脚趾对齐的姿势）开始练习，以右脚为轴进行转动，当髋部向前转动时，大约有70%的体重仍落在右腿上。在以右脚掌为轴转动时，集中精力保持大部分的体重落在右脚上，以保证当髋部面向前方时可以抬起左脚。一旦理解了基本动作，便可以持饼进行训练，最好从身体呈一个反向的C字形姿势开始原地投练习。可以用转髋练习结束专项热身活动，以放松髋部；也可以用重复进行5次这种练习来开始一堂投饼课。

4. 投掷圈后部动作的技术练习

（1）以左脚为轴右脚绕圈踏步的转动技术练习。该技术练习强调如何向左腿施加负荷。左脚站在投掷圈内，以初始姿势开始，大部分体重都落在左腿上。通过左脚的旋转发起小幅度的转动。右脚在以左脚为轴转动时不断地抬起落下，沿着逆时针方向踏步转圈。保持大部分体重（大约70%）落在左腿上。

（2）1/4圈旋转技术练习。1/4圈旋转技术练习帮助运动员掌握投掷圈后部动作的平衡。它与以左脚为轴右脚踏步的转动技术练习非常类似，但是要稍微困难一些。运动员可以在直线上或者投掷圈后部进行练习。双脚与肩同宽，膝盖弯成45°，左臂处于放松状态，在肩膀高度向外伸出。以左脚脚掌为轴转动1/4圈，同时控制好平衡技术，膝盖置于脚趾上方，腋窝置于膝盖上方，左臂置于左腿上方。重复练习直至回到起始位置。通过左肩移动至左脚上方，将重量转移至左侧，获得身体平衡。当转移重量以获得平衡和旋转时，不要改变膝盖和脚踝的角度。身体左侧作为一个整体始终绕一个固定的轴旋转。整个过程中重心向左移动，以左脚脚掌为轴旋转，转过1/4圈，保持两腿分开，保持姿势竖直，目视前方。

（3）半圈旋转技术练习。半圈旋转技术练习同样能帮助运动员掌握投掷圈后部动作的平衡。它与前两个练习非常类似，但是所需的平衡性略多一些。运动员可以在直线上或者投掷圈后部进行练习。双脚与肩同宽，膝盖弯呈45°，左臂处于放松状态，并在肩膀高度向外伸出，以左脚脚掌为轴转动半圈，同时控制好平衡技术，重复练习直至回到起始位置。通过左肩移动至左脚上方来将重量转移至左侧，借此取得平衡，保持身体竖直，目视前方。

5. 完整投掷技术的练习

（1）南非式技术练习。站在投掷圈的后部，左脚位于圈内，右脚位于圈外，面向12点钟方向，预摆后接着以左脚为轴转动身体，右脚向圆心位置，同时集中精力尽可能快地将左脚收至右膝后面并继续转动，左脚积极落地形成超越器械姿势，最后用力将铁饼掷出。

（2）1/4圈旋转+南非式技术练习。这是一种调整后的南非式技术练习，以完整投饼技术的开始姿势在投掷圈后部站定。首先，进行1/4圈旋转，形成左脚位于圈内、右脚位于圈外、面向12点钟方向的姿势；其次，进行南非式技术旋转，以左脚为轴转动身体，右脚扫向圆心位置，同时集中精力尽可能快地将左脚收至右膝后面并继续转动，左脚积极落地形成超越器械姿势；最后，用力将铁饼掷出。

（3）完整投掷技术练习。掌握了1/4圈旋转+南非式技术，就可以回到投掷圈后部，面对6点钟方向，开始进行完整的投掷技术练习。

二、铁饼运动技术训练的要点

熟练掌握合理的专项技术是铁饼运动员达到高水平运动成绩的必备条件。因此，在掷铁饼训练的全过程中，技术训练要占较大的比重。掌握正确的掷铁饼技术有利于发挥运动员的运动能力，创造良好的运动成绩，技术训练应掌握完整技术的结构和节奏，保持自然合理的动作，培养运动员控制铁饼、协调用力投掷和放松能力，形成正确的技术空间结构和快速节奏。技术训练还应与专项投掷能力的训练紧密结合。专项投掷能力训练是融速度、力量、投掷于一体的专门性诱导练习，可采用徒手、持轻器械、持重器械或不同重量投掷组合练习。

三、铁饼训练中应注意的问题

（一）明确超越器械

超越器械是指在进行投掷运动过程中，下肢速度和躯干速度要超过器械速度，形成上肢倾斜、下肢在前的姿态，器械置于身体后方。通过这一姿势，能够保证投掷出手与器械位置距离较长，可以为发力创造良好条件，进而提升投掷成绩。

（二）明确发力位置

根据人体力学原理，铁饼项目运动员的发力原理为：人体重心附近的肌肉群先发力，身体由下至上顺次用力，力量沿着支撑腿传递，通过与地面的反作用力完成投掷。在具体训练中，需要结合其发力原理，帮助每个人明确发力位置，加强支撑力量训练，提升爆发力。

（三）明确发力顺序

对于投掷项目而言，运动员在完成技术动作的过程中需要严格遵循由下至上的发力顺序，并且要求身体各个关节密切配合，高效完成投掷技术动作。例如，在铅球教学训练中，运动员只有利用好下肢力量，才能更好地完成技术动作，将铅球投掷得更远。在完成整个技术动作的过程中，运动员的发力顺序为：提重心，将关节蹬直，小腿的比目鱼肌和腓肠肌、大腿的腹直肌、臀大肌和股四头肌要处于紧张状态，躯干保持用力，技术动作的第一阶段为右腿发力，第二阶段为躯干发力，第三阶段为肩部发力，第四阶段为手臂发力。只有遵循正确的发力顺序，才能更好地完成技术动作，否则会抵消肌肉力量，甚至导致运动员出现肌肉损伤。

（四）处理好支撑点和重心的关系

在投掷项目中，支撑点和重心属于相辅相成、相互依托的关系，如果支撑点掌握不好，身体重心无法处于正确位置，进而影响投掷距离；如果重心没有调整好，则无法掌握支撑和平衡，容易导致运动损伤。因此，在铁饼项目中，需要将支撑点和重心关系作为重要训练内容，帮助维系二者平衡，进而更加规范地完成技术动作。

（五）把握好用力节奏

节奏知觉在投掷项目中具有关键作用，有节奏的行为活动可以促使身体处于协调状态下，保证动作能耗更为合理、经济。用力节奏体现在放松与用力交替、动作韵律、动作幅度以及用力快慢等方面。在具体投掷过程中,要保证在适当的幅度下快速发力,为了保证技术动作的完整性,要合理调节动作快慢。例如,在铁饼投掷中,运动员在旋转中要加速下肢速度,保证身体完全扭紧,为上肢发力创设条件。因此,只有把握用力速度,才能更好地完成技术动作,无论动作幅度大小还是节奏快慢,都要符合发力要求。

(六)下肢用力角度与用力类型

在投掷项目中,下肢用力属于关键技术环节,不同的投掷项目,下肢用力角度和类型也存在较大差异。铁饼项目要求右腿转蹬和调转髋,看似需要右腿用力,但是在具体实践中则存在较大区别。髋部转送和右腿蹬地关系到身体重心、出手速度、出手方向以及出手高度。只有掌握不同投掷项目的下肢用力角度和用力类型,才能更好地完成技术动作。

(七)防止发生伤害事故

在投掷项目训练和教学中,需要预防可能发生的伤害事故,在训练之前对内容进行全盘思考,针对容易出现伤害事故的环节采取防范措施,包括防范要求和具体做法等,防止由于准备工作不到位而出现肌肉拉伤以及器械伤人等事故。同时,在组织练习之前,预留出安全距离和空间,由教练统一组织和安排,严禁私自练习。在训练中不能随意投掷器械,铁饼要在指定的护栏中练习,完成练习后,所有器械要统一回收。

第七章 全能运动员跨栏跑技术与训练要点

在田径项目中，跨栏跑是结构性相对复杂、技术性较强的项目，可以说，男子110米跨栏跑是田径运动中技术要求最高的项目之一，因为该项运动需要运动员具有高速、力量、节奏感、下肢支撑以及出色的协调能力。110米跨栏跑从在奥运会赛场第一次出现起，就受到了人们的热烈欢迎，其受欢迎程度不亚于100米跑项目。

跨栏比赛需要跨越10次栏架，运动员必须调整原有的短跑技术来跨越这些栏架。由于栏架之间的距离是固定一致的，所以运动员应该形成两栏之间和跨栏的固定节奏的步数模式。跨栏比赛可以划分成多个循环单位。对于100米栏和110米栏，每两个栏之间有3步，加上栏上有过栏的一步，因此，每个循环单位由4步组成。这4步形成了整个比赛过程中的一种固定重复节奏，比赛获得成功的关键在于又快又有节奏地完成每个循环。尽管短跑的三个阶段（加速、最大速度和减速）也适用于跨栏比赛，但跨栏项目的独特节奏改变了短跑技术的本质，运动员必须对其短跑技术进行调整，从而得到所需的步数模式，以完成高效地过栏。不过，所有跨栏比赛的目标都是形成固定的步数模式，使运动员能够保持较高的栏间和过栏速度。在全能田径比赛中，男子十项全能包含110米跨栏跑，女子七项全能包含100米跨栏跑，跨越栏数都为10个，男子110米栏高106.7厘米，栏间距9.14米，女子100米栏高84厘米，栏间距8.5米。跨栏项目技术复杂，技巧性强，动作优美，融速度、柔韧性、协调性、节奏感和熟练技巧于一体，深受广大全能选手青睐。同时跨栏跑在全能比赛中属于得分较高的项目（乔伊纳创世界纪录12.69秒得1 172分，十项世界纪录保持者奥布赖恩成绩为13.98秒得分977）。很多优秀全能选手的跨栏跑成绩能达到和单项选手抗衡的水平。

第一节 跨栏跑的基本技术与专门性练习方法

一、跨栏跑的基本技术

跨越障碍是跨栏比赛与其他比赛的不同之处，其增加了对运动员各种能力的要求。腿长的选手有一定优势，因为他们在跨越栏架时可以相对较小幅度地抬高身体质心，减少了跨栏时速度的下降。拥有较好的柔韧性，尤其是腿部后侧肌肉的柔韧性很重要，个子较矮的选手可以通过优秀的腿部爆发力和出色的腿部柔韧性来弥补身高上的不足。平跑速度对所有项目的运动员来说都是一个极度重要的身体素质，跨栏运动员也能从中受益匪浅。不过，许多成功的跨栏运动员并不具备最好的短跑能力，但他们将良好的速度与灵活性、反应敏捷度、爆发力和节奏感相结合，从而形成了出众的栏上技术。在从运动员中挑选潜在的跨栏选手时，教练员应该寻找在速度、身材和心理素质方面表现出色的运动员，而且他们还应该具有好胜的和无畏的比赛态度（见图7-1）。

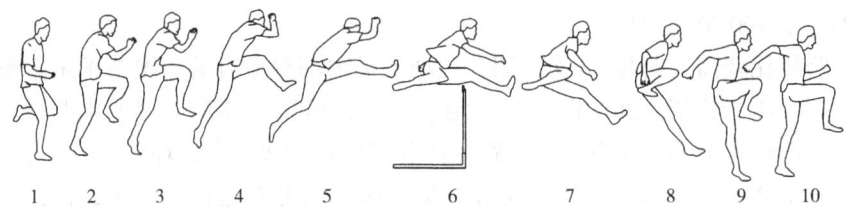

图 7-1　直道栏技术动作

（一）从起跑线到第一个栏

从很大程度上讲，从起跑线跑到第一个栏的过程相当于加速阶段，为了保持一致性，这个过程包含固定数量的步数。在100米栏和110米栏项目中，大多数运动员从起跑线到第一个栏之间会采用8步上栏模式，如今，一些优秀选手已转为7步上栏模式，他们这样做的理论依据是，7步上栏能让髋部达到更大的摆动幅度，产生更好的牵张反射效果。7步上栏方法也需要更大的腿部力量。

对于直道栏项目比赛，在从起跑线到第一个栏之间的加速阶段，向地面发出的作用力应该有更多的垂直分量，因为运动员需要更加直立的身体姿势为越过第一个栏架做好准备。

（二）栏间技术

栏间的练习类似于最大速度技术练习。如果能够快速而又有节奏感地完成过栏动作，那么运动员就能够以最小的能量损失快速地恢复到短跑。表7-1列出了跨栏项目的常见错误、原因和纠正方法。

表 7-1 跨栏项目的常见错误、原因和纠正方法

错 误	原 因	纠正方法
跑向第一个栏时,没有积极地加速攻栏	1. 对跨栏感到害怕; 2. 不适应步数模式; 3. 缺乏足够的起跑加速爆发力	1. 练习中使用训练栏架,或降低栏架高度来树立运动员的信心; 2. 发展必要的力量
起跨时距离第一个栏架太远	1. 缺乏足够的力量和速度; 2. 加速效率较低; 3. 从起跑线到第一个栏所用的步数太少	1. 如果腿部力量不足,则专注于发展腿部力量的训练,特别是在一般准备期; 2. 考虑更换双腿在起跑器上的前后位置,以便在第一个栏前增加一步; 3. 在加速时伸长手臂并加大手臂的摆动幅度
在栏间出现垫步跳现象	1. 缺乏足够力量或速度; 2. 过栏和落地的效率低下,导致落地时速度下降	1. 发展爆发力; 2. 训练时降低栏架高度,缩短栏间距离
过栏时腾空太高	1. 起跨时离栏架太近; 2. 跳过栏架,而不是越过栏架; 3. 对上栏感到害怕	1. 起跨步缩短步长; 2. 通过使用较矮的栏架和更短的栏间距来发展栏间跑节奏,同时还能树立运动员的自信; 3. 发展速度之前先发展节奏
落到栏架顶部	1. 起跨时距离栏架太远; 2. 攻栏时减速; 3. 疲劳	1. 发展速度耐力和爆发力; 2. 发展积极的攻栏能力,建议采用栏间一步过栏练习
落地时失去平衡	1. 攻栏腿没有以直线轨迹过栏; 2. 落地时身体重心没有转移到落地脚上方; 3. 缺乏足够的柔韧性和灵活性	1. 练习攻栏腿,使其过栏时向前呈直线越过栏架; 2. 确保起跨腿与对侧手臂的动作保持平衡; 3. 进行攻栏腿的对墙技术练习; 4. 定期进行柔韧性和灵活性训练

(三) 起跨技术

起跨动作需要对跑过程中的最大速度进行调整。攻栏前起跨腿落地时着地点尽可能位于身体重心下方。运动员应该想象起跨腿落地这一步被切掉了

一半（缩短的一步）。起跨腿落地时的角度几乎是垂直的，与起跨前的那几步中的垂直推力一致。髋关节强力拉伸，脚部用力向下向后蹬，加大身体后侧的腿部蹬伸动作，驱动身体加速攻栏。

在身体腾空之前，髋部相对于起跨腿着地点向前发生相当大的位移，这个与肢端相反的位移首先发生在身体核心区域（躯干和臀部）。攻栏腿的动作是由髋部向栏架的移动引发的，这有助于身体在腾空中保持正确的姿势，防止由于过栏动作导致身体向前旋转，能够提高过栏效率。过栏时可能需要身体向前倾斜，尤其对于个子较矮的运动员，要注意在过栏时身体的前倾不能引发错误的姿势。

（四）过栏和落地技术

过栏技术也是对最大速度的一种调整，以便在高效过栏的同时尽可能地保持速度（见图7-2）。臀部向前的位移对过栏动作至关重要，攻栏腿的动作是在起跨时由髋部的前移引发的，它从近端伸至远端，先是膝盖向前攻栏，然后伸展腿部，伸展的顺序应该是从髋关节到膝盖再到脚部。

图 7-2 过栏和落地技术动作

过栏技术练习的目标是在跨越栏架时最低程度地避免破坏原有的短跑技术。为了尽量避免将身体重心抬升到不必要的高度,运动员可以在攻栏和栏上时前倾身体。在起跨腿提拉过栏时,运动员可以低头穿过眉毛看向下一个栏架,这个动作可以保持身体重心处于较低位置。双臂的动作作为一个平衡,以保持一个良好的向前的动量和紧张的身体动作,避免产生左右方向的晃动。攻栏腿对侧的手臂应向前伸出,肘部向上和向前抬起以平衡双肩,这会让肩关节处于一个最舒服的位置,从而实现更大的活动自由度。

起跨腿离地前摆的正确时机取决于起跨时髋部向前超出脚部着地位置的位移,放松并伸展髋屈肌是把握起跨腿离地正确时机的关键。放松并伸展髋屈肌会延迟起跨腿的动作,但是起跨腿一旦离地,髋屈肌应快速地向身体收紧,以快速地完成前摆动作。

虽然起跨腿的大部分前摆动作是一种反射性的和自然产生的动作,但在起跨腿提拉过栏时,运动员必须使髋部外展,足部外翻,以使起跨腿顺利过栏。髋关节的外展会将腿部向侧面抬高，同时膝关节仍然处于弯曲状态。踝关节的外翻可以防止起跨腿向下垂落，以避免过栏时撞到栏顶横木。在整个过栏过程中，起跨腿的膝盖一直处于稳固的弯曲状态，以便让动作更轻快地完成。

上半身的动作与下半身的动作反向对应，能够提高运动员的过栏效率。在起跨时，双臂更大幅度的分离动作与双腿较大位移的伸展动作相匹配。起跨腿同侧手臂大幅度的挥摆动作，与起跨腿更宽的过栏轨迹相对应。虽然手臂的摆动半径越短，手臂的摆动速度越快，但是为了平衡过栏时起跨腿的动作质量，则需要提高手臂摆动的范围。起跨腿绷得越紧，这些力发挥的平衡作用就越好。

当攻栏腿在栏上向前移动时，膝盖稍微弯曲和足背屈有助于加速落地动作。运动员应该积极练习，在过栏时降低脚部位置，使其尽可能靠近栏顶平面。在落地时，关键是小腿与地面的垂直角度和接触地面时积极的脚部动作，这方面做得好可以防止出现刹车效应，并帮助运动员快速回到栏间跑技术。起跨的效率会直接影响落地和落地后下一步的完成质量。

（五）终点冲刺跑技术

下第十栏后，要借助加快两臂和两腿的摆动，加大躯干前倾角度，全力以赴冲向终点，撞线动作与短跑项目相同。

二、跨栏跑的专门性练习

（一）专项素质训练

1. 速度训练

110米栏跑运动素质指标体系包括5个层面和7个要素。5个层面是：反应速度、专项速度、速度耐力、速度力量、力量。7个要素及其指标地位是：12栏跨栏跑>60米起动计时>110米起跑计时>起跑至第1栏时间>起跑至第5栏时间>100米跨步跳>深蹲。由此可见，速度在跨栏跑训练中占有重要地位，它是跨栏跑的重要基础，平均跑速度和在跑步中完成过栏动作的速度是决定全程跑速度的基本因素。跨栏速度训练的基本任务在于如何把短跑速度运用于跨栏跑中去，尽可能减少跨栏时速度的牺牲，提高跨栏跑运动员的专项速度能力。

（1）提高平跑速度。提高平跑速度的方法与短跑基本相同。根据跨栏跑的技术特点，在练习平跑时要注意提高身体重心，跑得有弹性、节奏好、动作放松、省力。在保证适宜步长的前提下加快步频。

（2）提高过栏动作速率。连续和快速做摆动腿攻栏和起跨腿提拉以及两腿配合过栏换步的专门练习，可以提高过栏动作速率。

①侧面向栏架站立，伸直摆动腿绕越栏架，每次绕过后用脚尖点地，10秒钟做20次以上。

②扶墙壁做支撑高抬腿跑10~15秒钟，计抬腿次数。

③走或慢跑连续快速做摆动腿（或起跨腿）栏侧过栏练习。

④在栏侧一步过栏，栏间距离男3.8~4.2米，女3.2~3.8米，连续跨5~8个91.4厘米或76.2厘米高的栏架。

⑤栏侧抬腿跑过栏练习。

⑥跨低栏，强调摆动腿的摆动速度。将起跑至第一栏的距离延长两步，以提高起跑至第一栏的加速能力和过栏速度。

（3）将提高栏间跑速度与提高过栏速度相结合。为了把平跑速度与过栏技术结合好，应采取多种跑跨结合的练习。

①缩短栏间距离，做高抬腿跨栏跑，步频要快，抬膝要高。

②降低栏架高度，进行不缩短栏间距离的跨栏跑。

③进行递减栏距的跨栏跑。第三栏后每个栏间依次递减栏距，提高和保持栏间速度和节奏，跨过6~8个栏架。

④加长栏间距离，增加栏间跑步数，提高过栏和栏间跑速度。栏间距离男生12.50~13.00米，女生11.60~12.00米，跑五步。

⑤进行不同栏间距离、不同栏架高度、变换栏间步数和步长的高速重复跨栏跑。

2. 力量训练

跨栏跑成绩与运动员力量训练水平密切相关，除要求很强的腿部力量外，对腰、腹、背部肌肉力量也有较高的要求。足掌屈肌、躯干和大腿屈肌的静力指标最能说明问题。

跨栏跑属于肌肉爆发力项目。跨栏跑运动员力量训练的主要任务是发展速度力量（爆发力、快速力量），爆发力是跨栏跑专项力量训练的核心。核心力量在跨栏跑中起着重心稳定、力量传递和控制等重要作用，在身体核心力量训练过程中要与跨栏跑的专项力量相结合，不能盲目追求单一力量的训练，要利用两种力量的互补性进行科学的训练。

（1）发展爆发力和弹跳力的练习。

（2）跳跃练习。跳跃练习包括立定跳远、立定三级跳、十级跨跳、跨步跳、蛙跳、连续跳栏架（6~10栏）、摆动腿原地二级跳、15米助跑跳远。

（3）负重练习。发展下肢力量练习的方法有肩负杠铃或沙袋弓箭步走、跨跳、箭步换腿跳或原地负重跳。

(4) 小重量练习或增加对抗力做跨栏专门练习。小腿绑沙袋或绑橡皮条（一端固定）做提拉起跨腿和摆动腿屈腿攻栏等练习。小腿负重连续走步过栏，带沙护腿上坡跳、跳台阶等。

(5) 发展下肢大肌肉群力量。负较大重量的杠铃全蹲、半蹲；负中等重量的杠铃半蹲跳、持壶铃蹲跳等。

(6) 发展小腿、踝关节、脚掌、脚趾等小肌肉群力量。肩负杠铃原地提踵、沙坑内直膝跳、跑道上提踵快走，脚尖套弹力带做踝关节屈伸等。

(7) 发展髂腰肌、阔筋膜长肌肉群力量（做前摆及侧提拉动作时需要）。直立，一腿抬起，膝部上方放杠铃片或沙袋的静力性耗一定时间的练习。扶肋木、踝套胶皮带，背后一人拉住，或把胶皮带横压在膝盖上方，左右拉紧，做支撑高抬腿跑。扶肋木、脚腕套胶皮带，另一人在身后拉住，做连续提拉动作等。

(8) 发展腰、背肌和上肢力量。负中等重量杠铃体前屈。胸前套弹力带，另一人在身后拉住做体前屈。俯卧在垫子上，两手抱头，一人按住下肢，做向后上方挺身起动作。持哑铃摆臂。持轻杠铃做连续快速抓举、挺举、卧推等动作。

负重力量练习应该和快速力量练习配合进行，练习力量时要考虑到发展速度、柔韧性和灵敏性等素质练习的配合，也要注意放松肌肉和改善动作的协调性。

(9) 力量耐力练习。30~100米单足跳、换腿跳。

可用本人体重50%的重量进行负重下蹲。每次训练做4~6组，每组在规定时间内做10~15次。平均速率为1秒钟下蹲1次。

不管采用哪种力量训练，都要遵循负重渐增的原则，才可能逐步提高力量素质。

力量训练全年都要安排，每周两次。比赛时期可适当减少力量训练的负荷。

3. 速度耐力训练

在掌握运动技能的初级阶段，发挥运动员的潜在能力主要靠专项速度。对高水平运动员来说，专项耐力达到了与专项速度作用相同的地步，专项耐力对提高运动成绩具有重要的作用。

(1) 反复跨栏跑。效果最好的是跨12个栏。每次训练跨2~3组，每组间歇10~15分钟。

(2) 折返跨栏跑。在两条跑道上迎面摆上栏架，每道5~7栏，运动员跑完一道栏后，立即跨返回的另一道栏。训练水平高的运动员可跨3道栏。4~5

组，每组间歇约 10 分钟。

4. 柔韧性训练

柔韧性对跨栏运动员有着特殊的意义，特别是下肢、髋关节的灵活性尤其重要。跨栏运动员特别需要具有向一侧引腿，前后分腿（劈腿）以及上体前屈的柔韧性，应针对项目特点，选择在动作结构上相似的柔韧性练习。

（1）结合力量练习改善肌肉伸展性。前后抛实心球，提壶铃前屈直身起，负沙袋大幅度弓箭步换腿跳等。

（2）结合过栏技术发展柔韧性。跨栏坐、跨栏坐向侧向后倒体，纵向横向劈叉，垫上肩肘倒立做跨栏步剪绞换腿，走步中连续栏侧过栏，强调加大动作幅度等练习。

（3）双手支撑大幅度摆腿、劈叉、支撑压腿。

（4）进行武术基本功中各种耗腿、踢腿、下腰等练习。

5. 灵敏性训练

灵敏性对提高速度和技巧有着重要的影响。反应能力、适应能力、平衡能力、节奏感、辨别能力的训练等都是跨栏运动员提高专项运动成绩必不可少的训练手段。

提高力量素质，提高肌肉收缩速度和放松本领，体操、球类运动、跳跃运动、技巧运动、障碍跑等对培养灵敏性都有良好效果。

（二）专项技术训练

1. 五步上栏练习

第一个栏架摆放在正常位置，从第一个栏开始测量并标记其他栏架位置，男子栏间距为 11.5~12 米，女子栏间距为 11~11.5 米。运动员在这个栏间距离内可以跑进 5 步，这个练习使运动员在跑到下一个栏之前更容易建立起速度，从而建立更快的过栏动作模式。

还可以交替使用 3 步上栏和 5 步上栏两种模式进行练习。以下是两个例子，其中包括起跑后的 8 步上栏。

- 8 步，5 步，3 步，5 步，3 步，5 步，3 步，5 步。
- 8 步，3 步，5 步，3 步，3 步，5 步，3 步，3 步。

另一个选择是在一条跑道上以 3 步上栏模式的栏间距摆放栏架（发展速度），在另一条跑道上以 5 步上栏模式的栏间距摆放栏架（发展节奏），首先进行 5 步上栏练习，然后到另一条跑道上进行 3 步上栏练习。

2. 攻栏腿对墙练习

靠墙放置一个栏架，使栏顶横木与墙贴紧。在距离栏架 122~152 厘米远的地方站立，面对栏架。以脚踝为轴向前倾斜身体，将攻栏腿的膝盖向前抬起，就像攻栏动作一样。小腿在膝关节处伸展，使脚底移向横木上方，脚底踏向墙面。与攻栏腿相对的手臂在肘部的带动下向前摆动，以便平衡整个动作。头部和胸部继续向前移动，以获得一个与过栏时一样的良好姿势，胸部向大腿贴近。

身体退后，重复练习此动作以提高柔韧性和灵活性。注意平衡手臂和腿部的动作，用膝盖引领攻栏。多次重复这个动作练习，可以将它作为一项热身活动在每天有栏训练前进行。

3. 起跨腿对墙练习

调整栏架到合适的高度，使运动员抬起起跨腿时可以越过想象中的横木的延长线。将栏架放置在离墙大约 60 厘米的地方，让横木平行于墙面。站在栏架的一端，攻栏腿踩在横木稍靠前的地面上。双手前伸扶在墙面上，抬起起跨腿，越过想象中的横木延长线。在这个过程中，脚部应该做外旋动作，起跨腿的膝盖朝着腋下的位置移动，尽量让脚跟和臀部紧贴。在越过横木后，脚部下压落到地面上。将腿后伸移到栏架的后部并重复此练习。这个动作模拟了过栏时起跨腿的实际动作，练习的目的是提高髋关节的外展能力，让髋关节尽可能地靠近身体画圈。

4. 栏侧过栏练习

按照正常栏间距和正常栏高（或稍低的高度）摆放栏架。在跑进和过栏的过程中，身体重心与栏架的右侧边缘或左侧边缘呈直线对齐，运动员在栏架的左侧还是右侧练习，取决于是用攻栏腿过栏还是用起跨腿过栏。

（1）侧攻栏腿过栏练习。这个练习可以保证运动员的攻栏腿以良好的技术过栏，而不必担心在过栏时要把身体抬升到足够的高度。这个动作是运动员渐进式热身程序中的一个常见练习。栏架的高度取决于运动员的准备情况。练习开始时，栏架应该低一些，然后逐渐升高栏架。栏架摆放的数量可能有所不同，栏间距应该设置为允许栏间跑动 5 步的距离。

使用习惯的攻栏腿动作过栏，过栏时越过横木左侧或右侧的末端，起跨腿从栏架的侧面跑过，而不是从横木上面越过。尽可能使起跨腿的动作跟正常过栏时一样。

（2）侧起跨腿过栏练习。除了运动员需要移动到栏架另一端进行练习外，这个练习与栏侧攻栏腿过栏练习类似。栏架的高度取决于运动员正确的起跨腿过栏技术水平。热身活动完成后可以提高栏架高度。

起跨腿栏侧过栏时，摆动腿必须像前面有栏架一样进行攻栏，保证起跨腿能够按照正确的姿势过栏。这个练习是一个训练起跨腿积极提拉离地的较好的方法。

5. 垫步跳过栏练习

垫步跳过栏练习是通过采用一些较矮的小栏架来完成的。栏架摆放的间距为 152~183 厘米。可以进行完整的过栏，也可以进行栏侧过栏练习，迎着栏架行进。

站在栏架前面 122~152 厘米的地方，首先起跨腿垫步跳一步，接着攻栏腿的膝盖抬起，带动攻栏脚提到栏架的上方。在攻栏脚越过栏架后下压落地，同时起跨腿提拉过栏。攻栏脚先落地，紧接着起跨脚落地。起跨脚落地瞬间，立刻再次用起跨腿进行垫步跳，接着用相同的动作越过下一个栏架。连续重复这个动作越过 8~10 个栏架。

6. 过栏和跑的衔接练习

在一个较低的栏架上进行过栏和跑的衔接练习。面对栏架站立，弯曲攻栏腿并从栏架横木上方伸过。准备就绪后，向前倾斜身体并提拉起跨腿离开地面，同时攻栏腿在栏架前侧落地。在攻栏腿落地时，起跨腿快速前摆，过栏落地后立刻向前冲刺 10 米距离。成功完成这个动作的关键在于，让起跨腿保持弯曲，并尽可能快地进入下一步的冲刺跑。这是一个很好的练习，它可以提高起跨腿快速提拉过栏和主动落地的能力。

7. 栏间一步过栏练习

相隔 4 米的距离摆放 6~8 个栏架，最初采用较低的栏架进行练习，随着技术的熟练，逐渐增加栏架高度。栏间一步过栏练习很少在中等以上高度的栏架上进行。

从起跑线到第一个栏架的助跑采用正常的 8 步上栏模式，栏间只有一步的距离。首次尝试这个练习时，随着跨过更多的栏架，运动员会经历速度逐渐变慢的过程。

集中注意力于快速的下栏动作，这个练习强调起跨腿的动作是如何协调摆动腿动作的。起跨腿在动态中被拉离地面，为起跨腿快速前摆过栏和主动落地奠定了基础。该练习强化了冲过栏架的概念。

8. 跨栏项目的小循环练习

本节列出的小循环（周训练计划）是一个从开始到结束的渐进式训练示例（见表 7-2~表 7-4），其中包括了一般准备期、专项准备期和比赛期。

表7-2 一般准备期训练计划安排

小循环 阶段：一般准备期		项目： 跨栏
星期日	星期一	星期二
积极休息	动态热身 加速跑技术练习 起跑到第一个栏的技术练习 核心练习 过栏专项力量练习 力量举练习（主要的）：高翻、后蹲、负重 上台阶、抓举 整理活动	动态热身 过栏专项技术练习 过栏的节奏练习（调整栏间距） 快速伸缩复合训练 药球抛球练习 力量举练习：次要的力量练习 整理活动
星期三	星期四	星期五
伸展性的动态热身 短跑的技术练习 过栏专项力量练习 克服自重的一般力量循环 训练 核心练习 整理活动	伸展性的恢复日热身运动 加速跑技术练习 跨栏专项技术练习 发展速度的间歇训练 抛球练习 力量举练习（主要的）：高翻、后蹲、负重 上台阶、抓举 伸展性的整理活动	伸展性的动态热身 短跑的技术练习 过栏专项力量练习 力量举练习：次要的力量练习 核心练习 整理活动
星期六	每日训练强度	训练后的评价
伸展性的热身活动 变速跑或间歇变速跑 核心练习 整理活动		日	一	二	三	四	五	六 | |---|---|---|---|---|---|---| | 高 | | | × | | × | | | | 中 | | × | | | | | × | | 低 | | | | × | | × | | | 休息 | × | | | | | | |	

表 7-3 专项准备期训练计划安排

小循环 阶段：专项准备期		项目： 跨栏
星期日	星期一	星期二
积极休息	动态热身 加速跑技术练习 多栏技术练习（调整栏高和栏间距） 核心练习 过栏专项力量练习 力量举练习（主要的）：高翻、后蹲、负重 上台阶、抓举 整理活动	动态热身 过栏专项技术练习 1/2 比赛距离的有栏练习 快速伸缩复合训练 药球抛球练习 力量举练习：次要的力量练习 整理活动
星期三	星期四	星期五
伸展性的动态热身 短跑的技术练习 过栏专项力量练习 克服自重的一般力量循环 训练 核心练习 整理活动	伸展性的恢复日热身运动加速跑技术练习 过栏专项技术练习（栏间一步上栏练习，起跑器起跑加速过 2~3 栏）发展速度的间歇训练 抛球练习 力量举练习（主要的）：高翻、后蹲、负重上台阶、抓举 伸展性的整理活动	伸展性的动态热身 短跑的技术练习 过栏专项力量练习 力量举练习：次要的力量练习 核心练习 整理活动
星期六	每日训练强度	训练后的评价
伸展性的热身活动 放松跑 核心练习 整理活动		日	一	二	三	四	五	六 | | 高 | | | × | | × | | | | 中 | | × | | | | × | | | 低 | | | | × | | | × | | 休息 | × | | | | | | |	

表7-4 比赛期训练计划安排

小循环 阶段：比赛期		项目： 跨栏
星期日	星期一	星期二
积极休息	动态热身 加速跑技术练习 多栏技术练习（调整栏高和栏间距） 核心练习 过栏专项力量练习 力量举练习（主要的）：高翻、后蹲、负重 上台阶、抓举 整理活动	动态热身 过栏专项技术练习 速度耐力间歇训练 快速伸缩复合训练 药球抛球练习 力量举练习：次要的力量练习 整理活动
星期三	星期四	星期五
伸展性的动态热身 短跑的技术练习 过栏专项力量练习 克服自重的一般力量循环 训练 核心练习 整理活动	伸展性的恢复日热身运动加速跑技术练习 过栏专项技术练习（栏间一步上栏练习，起跑器起跑加速过2~3栏）发展速度的间歇训练，或者起跑加速过3~5栏的练习 抛球练习 力量举练习（主要的）：高翻、后蹲、负重上台阶、抓举 伸展性的整理活动	比赛日的热身活动 短跑的技术练习 核心练习 整理活动
星期六	每日训练强度	训练后的评价
比赛日的热身活动 比赛 比赛日的整理活动	<table><tr><td></td><td>日</td><td>一</td><td>二</td><td>三</td><td>四</td><td>五</td><td>六</td></tr><tr><td>高</td><td></td><td></td><td>×</td><td></td><td>×</td><td></td><td>×</td></tr><tr><td>中</td><td></td><td>×</td><td></td><td></td><td></td><td></td><td></td></tr><tr><td>低</td><td></td><td></td><td></td><td>×</td><td></td><td>×</td><td></td></tr><tr><td>休息</td><td>×</td><td></td><td></td><td></td><td></td><td></td><td></td></tr></table>	

（三）心理训练

跨栏跑是技术复杂的项目，它要求运动员在高速跑中连续攻克空间障碍。这不仅对运动员的身体素质、技术有较高的要求，而且对勇敢、顽强、果断地克服和战胜困难的意志品质和心理能力方面也有很高的要求。

心理训练在准备比赛阶段有着特殊的地位。运动员在比赛时往往会遇到心理上的障碍，如信心不足、担心失败、过分兴奋等。因此，应在赛前对运动员进行合理的心理调节，保证运动员情绪高涨，敢于拼搏，勇于比赛，并把注意力集中在比赛中充分发挥技术、战术水平和机能能力的关键细节上。通过心理调节，增强运动员的信心，激发运动员为胜利而拼搏的积极愿望。

1. 进行注意力、意志力、自信心等心理品质的训练

比赛时造成运动员注意力分散的因素很多，如疲劳，对场地不适应，对栏架不适应，没有抽到预想的道次，强手在自己的邻道，等等。这些因素会分散比赛的注意力，因此，在平日训练中要注意养成注意力集中的习惯，要有意识地克制自己的情绪，不计较个人得失，集中精力克服不利因素，全力以赴参加训练和比赛。

在困难和复杂的条件下进行跨栏训练，可以培养运动员勇敢、顽强、果断及克服困难的意志品质，克服注意力不集中、怕栏、信心不足、不能坚持到底等心理障碍。

2. 培养跨栏跑的意识

采用不同速度和不同栏高、栏距进行训练，或按照事先录制的最佳的跨栏跑节奏音频进行练习，不断加强运动员过栏的时间和空间知觉，培养运动员的速度感、节奏感、肌肉用力感和目测能力，建立和强化"栏感"，克服怕栏的心理障碍。

赛前训练中按比赛条件多进行跨全程或超全程栏的练习，可使运动员对自己的技术和体力心中有数。

比赛前要对参赛的运动员有所了解，做到知己知彼，心理状态就会比较稳定，要充满信心，努力完成比赛任务。

第二节　跨栏跑的技术要点

一、起跑至第一栏技术要点

第一，起跑至第一栏的技术与短跑技术基本相同，但起跑后加速段身体与地面之夹角比短跑稍大。加速跑身体重心位置较高。

第二，起跑至第一栏一般采用 8 步跑，在合适的步长下达到最大步频，

迅速发挥速度。

第三，起跑后各个步长都有所提升，唯有栏前最后一步，靠加快两腿剪绞和起跨腿的积极着地而缩短步长，准备加快起跨。

第四，当起跑的步长稳定后，缩短各步支撑时间，加快步频，这是提高跑速的关键。

二、跨栏步技术要点

（一）上栏

第一，起跨最后一步比前一步小 10~20 厘米。

第二，起跨腿脚前掌积极迅速着地。

第三，摆动腿大小腿充分折叠，足跟靠近臀部，以髋为轴，膝领先，积极向前，有适宜的蹬地角。

第四，起跨结束瞬间，髋、膝、踝三关节充分伸展，与躯干、头基本上成一直线。起跨腿与地面形成较小的锐角，有积极的攻栏意识。起跨腿离地后，摆动腿前摆，摆动腿异侧臂带肩前伸，使肘超过膝，并与摆动腿基本平行，另一臂积极向后摆动，身体前倾，目视前方。

（二）下栏

第一，身体保持前倾，摆动腿积极下压，起跨腿的大小腿折叠后收。以膝领先向前迅速提拉。两腿做快速剪绞，尽可能缩短腾空时间，同时两臂积极配合，摆动腿异侧臂与起跨腿做相向运动，肘膝靠近，当臂摆过肩轴时，提肘内收，摆动腿同侧臂在体侧屈肘后提，维持身体平衡。

第二，摆动腿积极着地，着地点接近身体重心投影点或稍前处。下栏点 1.5 米左右，上体保持前倾，下栏时保持较高的支撑姿势，起跨腿提拉到身体正前方，带动重心迅速前移。

（三）栏间跑技术

第一，下栏后重心迅速前移，积极跑出第一步，第一步的步幅要适宜。

第二，栏间跑重心高，频率快，用前脚掌积极着地，富有弹性。

第三，栏间跑时，两臂快速有力地前后摆动，上体微前倾，两眼平视，注意直线性。

第三节 跨栏跑训练应注意的问题

一、直道栏训练前和刚开始时应注意的问题

第一，跨栏跑是田径运动项目中技术比较复杂，对身体条件和素质要求

较高、节奏性较强的短距离赛跑项目之一,平跑速度是跨栏跑的基础,因此,在安排跨栏训练前应使全能运动员先掌握短跑技术。

第二,教练员的讲解应简明扼要,不宜分析过细,示范动作力求准确,以建立正确概念,形成清晰表象。

第三,降低跨栏跑的难度,主要使运动员粗略体验跨栏跑的技术。可根据运动员的实际水平,缩短栏距,降低栏高,使运动员重点体会跨栏的技术和栏间跑的动作。

二、学习掌握过栏步应注意的问题

第一,跨栏步训练是跨栏跑技术教学的重点,训练中可以通过分解练习和专门性练习帮助运动员掌握动作。但分解练习不宜过多,同时,要结合跨栏步训练,安排较多的发展柔韧性和髋关节灵活性的练习,以利于训练任务的完成。

第二,在跨栏步训练中,应注意观察脚步的落点,根据运动员的情况帮助确定适宜的起跨距离。

第三,在跨栏步专门性练习和技术训练时,应注意下肢动作与上体、两臂动作的协调配合。

三、学习起跑至跨越第一栏技术应注意的问题

第一,起跑到第一栏的技术动作要求步点准确、节奏感强、积极加速。

第二,重心抬起较早,跑到第6步时身体姿势已接近途中跑。

四、学习过栏与栏间跑相结合技术应注意的问题

第一,栏间跑的教学要在起跑过第一栏技术教学后进行。从跨栏跑速度曲线的特点来看,一般要在第三栏后才能达到或接近个人的最高速度,因此,前三栏是跨栏的加速跑阶段,应将栏间跑与起跑至第一栏技术有机地结合起来,完成前三栏加速任务。

第二,第三栏后的跨栏进入途中跑阶段,主要任务是提高运动员跨栏跑专项耐力,防止后程技术变形,以保持跑的速度。

五、学习全程跨栏跑技术应注意的问题

第一,着重改进个人过栏与栏间跑技术,建立正确的跨栏跑节奏。

第二,下最后一栏时要尽力跑向终点,做冲刺撞线动作。

参考文献

[1] 李老民，李铁录，王林，等.田径运动教程［M］.北京：北京体育大学出版社，2008.

[2] 孙男.现代田径训练高级教程［M］.北京：北京体育大学出版社，2010.

[3] 吴永海.田径训练实用手册［M］.北京：国家行政学院出版社，2012.

[4] 李爱国.田径运动教学研究［M］.武汉：武汉大学出版社，2017.

[5] 美国田径协会.美国田径协会田径训练教学指导［M］.李志宇，译.北京：人民邮电出版社，2020.

[6] 刘建国，杜景涛，石润民，等.我国优秀110m栏运动员专项运动素质指标和成绩预测模型［J］.天津体育学院学报，2007（5）：385-388.

[7] 钟大鹏，刘建国.对跨栏跑的速度和速度训练的研究［J］.武汉体育学院学报，2001（4）：88-89，102.

[8] 刘建国，申广辉.论跨栏跑运动员爆发力及训练方法［J］.湖北体育科技，2010，29（1）：62-64.

[9] 杨文学，张成.对男子110m跨栏运动员实施身体核心力量训练方法的研究［J］.北京体育大学学报，2011，34（5）：109-111.

[10] 陈强.跨栏跑教学中运动员恐惧心理的成因及克服方法的研究［J］.青少年体育，2019（8）：93-94.

第八章 全能项目中的技术动作迁移现象

迁移是指一种学习对另一种学习的影响，它广泛地存在于知识、技能、情感和态度等实践中，是一种重要且普遍的学习现象。著名的认知教育心理学家奥苏贝尔认为，一切有价值的新学习是以原有知识为基础的，没有不受原有知识体系影响的学习。也就是说，一切学习都是在原有的知识体系上构建的，所以一切有意义的学习过程中必然包含迁移现象。这不仅指出了迁移现象存在的普遍性，同时也指明了迁移现象产生的本质。

第一节 运动技能迁移现象

一、运动技能迁移概述

运动技能的学习迁移始终是体育工作者广为关注的话题。迁移现象的复杂性特点以及对新知识习得的影响，迫使研究者们从不同的角度、采用不同的方法对其进行研究，这无疑在一定程度上提高了对技能迁移现象的认识程度，加深了对其本质和规律的掌握，使其能更有效地为训练理论和实践服务。在教学训练过程中提出了"为迁移而教"的理念，这种理念强调在训练教学过程中，教练员要充分理解并利用迁移的规律及其影响因素，针对教学训练过程中的具体情况，采用有效的方法和手段，利用迁移现象产生的条件和结果，提高训练效率，并努力降低负迁移的影响。

二、田径全能项目运动技能迁移现象

田径全能项目运动技能种类较多，包括跑、跳、投各类技能，这些技能以大肌肉群活动为主。在人体及人体环节的运动中，肌肉的收缩是带动关节活动的作用力来源，从完整的动作结构来看，跑、跳、投各技术动作都是以躯干为支柱的，即以人体躯干核心区肌群为主要发力点，从而带动人体上肢肌群和下肢肌群，依据肌肉收缩力量的大小和一定的发力顺序结构来完成的。田径全能项目的运动技能训练以大肌肉群活动为主，由于技能训练过程中大

肌肉群的参与程度比较高，对学习者的身体素质以及生理机能都提出了较高的要求，同时，长期从事以大肌肉群活动为主的技能训练，也会对参与者的身体形态、身体素质和生理机能产生重要影响，使运动员的身体形态、机能和运动素质发生不同程度的适应性改变，而一个项目的适应势必会对另一个项目产生或好或坏的影响。

如果说跑步动作是田径动作技能的基础，那么对田径类高级复杂运动技能的学习与发展而言，我们是否可将走、跑项目所包含的某些人类固有的下肢反射动作模式及其协调机制看成是田径动作技能学习与发展的起点呢？答案是肯定的。从田径的跑、跳项目运动学、动力学特征来看，虽然不同项目在动作的时间、方向、幅度、角度，肌肉用力的大小，折叠摆动的半径，重心轨迹的变化方面存在"参数"差异，但在我们看来，跑与跳类动作在动作用力模式和动作的协调机制方面存在许多相同的和一致性的功能结构，如跑与跳动作的"上肢与下肢、左侧与右侧动作的交互模式""紧张动作与放松动作的交替模式""支撑与缓冲动作的衔接模式""蹬伸与摆动动作的配合模式"（以摆带蹬、蹬摆结合）等。这些基础基本动作与基础基本结构均发源于人类固有的行走反射动作模式，因此我们可以认为，田径跑、跳类基本动作模式的形成与发展具有"同源"性，加之田径跑、跳类项目（尤指短跨、远度项目）同属速度力量类项目，其间必定存在学习的类比情况。这一认识既是运动技能分析的结果，也是田径类属动作学习同化与迁移的前提条件。

一个全能项目运动员需要学习很多运动技能。在获得运动技能的过程中，有一个不可忽视的因素，那就是运动技能的迁移。无论是在日常生活和学习中，还是在教学和培训中，迁移无处不在。运动技术的最小单位就是动作，而运动员的身体素质、肌肉力量类型等生理特征也会随着练习项目的不同而改变，这种特征会对全能项目运动员练习不同项目产生不同的迁移影响。

从系统论角度来看，运动技能是由众多子系统构成的网状系统，在系统运行过程中，系统内各子系统之间、系统与外环境之间存在复杂的相互作用关系，为保证系统具有良好的运行状态，有必要采取有效措施，协调系统内外的各种相互作用关系，以促进运动技能系统的有序发展。不同动作技能系统在其运行过程中会体现其自身的特点和规律，因此，针对不同的运动技能系统，我们要采取不同的训练措施。

任何技能的获得都是一个长期艰苦的过程，田径运动技能也不例外。田径运动各项目是从人们的生产劳动和生活实战中逐渐发展和完善起来的，是人们在日常生活中经常见到和体验到的体育项目，但经常见到和体验到并不代表运动员已经很好地掌握了它。正是田径运动的这种以往体验，使运动员在学习和掌握田径运动各项技能时具有不同的特点。一方面，对田径运动的认识和体验会促进人们学习和掌握田径运动各项技能，如走和跑类中的一些技能，它们是日常生活中的重要组成部分，因此人们在正式学习之前就已经掌握这些技能，但另一方面，如果运动员在实践这些技能的过程中形成了不正确的动作姿势和习惯，在往后的运动技能学习和掌握中所养成的这些错误动作姿势和习惯，就会对技能的学习产生负面影响。而且，这些动作姿势和习惯随着运动水平的提高将难以改变，正确技术动作的"动力定型"也就越难建立。对于全能项目运动员来说，不同项目运动技术的负迁移带来的坏处远不及正迁移带来的好处多。

类比迁移理论对全能项目技能教学实践的指导具有重要的意义。在田径教学中，学习者经常通过新旧技能或两个项目运动技能的比较、匹配进行新技术的学习。通过对田径技术原理的学习，可达到对同类和不同类项目动作规则、规律的归纳、概括和甄别。例如，100米跑专项练习中"车轮跑"的动作模式既可迁移到跨栏跑的动作中去，也可迁移到走步式跳远动作中去。学习"跨步跳"的动作技术不仅有利于跳远技术的掌握，也有利于跨栏跑技术的掌握。有关运动技能类比迁移的例子在田径教学训练中随时可见。对于跑类与跳类项目的动作学习而言，二者技能的表象特征和实质特征有太多的相同之处。因此，成功的学习者往往能够从记忆中提取相关的动作经验和相似的动作结构，并以此为出发点去掌握新技能、新知识，从而实现运动技能的类比迁移。由此可见，加强类比迁移理论的学习，必将进一步加深对田径跑、跳技能学习过程的理解，从而提高教学效率。

在体育教育和运动训练过程中，运动技能的传递起着不可替代的作用，只有了解运动技能迁移相关的各种知识和规律，才能正确应用迁移，促进运动技能的学习和掌握，有效避免干扰现象的发生，达到提高教学和训练效果的目的。因此，运动技能迁移的研究对于全能项目运动员的训练具有很大的实用价值。

第二节　跨栏跑和跳高之间的技术动作迁移现象

在跨栏跑攻栏时起跨腿的脚落地转入后蹬，这是一个跨栏步的开始。栏前的一个短步，使身体重心离投影点较近，便于起跨腿迅速经垂直部位转入后蹬，并使身体重心沿距地面较高的"平直轨迹"迅速向前移动。蹬地结束后，摆动腿迅速向栏攻摆，使人体在无支撑阶段快速移动。在这个阶段，需要起跨腿股四头肌迅速向心收缩以完成伸膝动作，小腿腓肠肌、比目鱼肌、胫骨后肌快速向心收缩以完成踝关节跖屈，膝踝关节快速支撑爆发以完成起跨后蹬的动作。

在跳高训练中起跳时，起跳腿积极蹬踏地面，其中股四头肌的作用非常关键，在起跳脚与地面接触的一瞬间，股四头肌离心收缩，有助于起跳腿稳定，限制膝关节弯曲。优秀运动员起跳腿接触地面时膝关节弯曲角度在156°~171°范围内（Greig and Yeadon，2000）。运动员起跳腿积极作用于地面，使身体重心升高，相反的结果是脚一落地，运动员身体重心即下降，推压—牵拉的动作体现了起跳的力学原理。推压动作是指倒数第二步髋关节受到推压。牵拉动作是指起跳腿的积极反向运动，带来摆动腿一侧的髋关节受到牵拉，这是起跳腿积极发动而产生的牵张反射。

跨栏跑可看作由多个重复的助跑、起跨、攻栏、过栏动作组成，其运动节奏与跳高的助跑、起跳、过杆接近。两个项目在单侧腿动作模式与肌肉发力顺序近似，在训练过程中可以利用该特征的正向迁移，同时对运动员的下肢进行针对性训练，提高训练效率。

第三节　短跑和跳远之间的技术动作迁移现象

短跑、跳远运动员的主要身体素质是速度素质和力量素质。世界优秀跳远运动员都具有很快的最大速度，如绝对速度（100米跑成绩在10.5秒以内）、加速能力（助跑速度利用率在95%以上）、助跑速度（11米/秒），两者参与运动的主要肌群也较为相同：神经—肌肉系统以反射的方式爆发性地完成离心和向心收缩。二者在身体用力的整体性和协调性上相似，跳远在助跑阶段与短跑的生理学、动力学机制大体相同，这也是很多优秀短跑运动员兼项跳远比赛的主要原因，如美国优秀运动员刘易斯在1984年洛杉矶奥运会上获得了100米、200米、跳远和4×100米接力跑共4枚金牌。

由此可见，短跑和跳远两个项目在技术表现方面存在着极为相近的运动特征。其原因在于：首先，跳远的助跑技术基本上属于平跑技术，跳远要求在保障正确完成起跳技术的前提下，尽可能产生最大速度（可控制速度），以便获取最大的腾起初速度，这与短跑的途中跑阶段尽可能产生最大速度和保持更长最大速度的目标是一致的。其次，跳远的助跑节奏性和步长稳定性都很强，最后四步时在保持身体重心稳定条件下做出积极上板动作，主要是通过加快步频和缩小最后一步步长来实现的，目的是为起跳动作做好身体姿势准备，整个跳远助跑过程与短跑加速跑阶段的节奏较为相近。另外，跳远在起跳的技术动作结构上，基本上是保持跑的身体姿势和动作模式，强调起跳速度快、爆发力强、制动性小，"起跳是跑的动作的延续"这一现代跳跃技术观点，就集中反映了两者在跑跳结合这一最关键技术环节中的共同特征，甚至在起跳腿"扒地式"着地和折叠式摆腿的技术细节上，要求也颇为相似，这也让两个项目之间存在着良好的运动技能迁移关系。

短跑和跳远两个项目的共同技术特征体现在都是以速度为核心，运动方向一致，具有相同的身体素质需求，且对下肢最大力量、爆发力和最大速度要求基本相同，跑动的动作高度重叠，所以短跑常用的专门性练习也适用于跳远项目。

第四节 掷铁饼与旋转式推铅球之间的技术动作迁移现象

在全能项目中，推铅球、掷铁饼都是单手投掷的非周期性运动项目。投掷的方法与场地器械等条件各不相同，因而形成了两种不同的技术动作结构。器械的加入使该项目的技术动作变得复杂，但二者也存在一些共性特征。

第一，在运动生物力学原理方面：均属于斜抛运动；最后用力均要求尽可能地加长工作距离，缩短用力的时间；均具有制动效应，即在下端肢体制动基础上上端肢体用力鞭打的效应。

第二，在运动技术结构方面：均遵循自下而上的用力顺序；均有肩轴与髋轴呈交叉扭紧状态的超越器械动作；均有右腿的蹬转送髋和强有力的左侧支撑（以右手持械为例，下同）；均有器械出手时腕指的猛拨动作；均有最后用力结束时维持身体平衡的动作。

第三，在投掷意识方面：均具有爆发用力的能力；均具有明显的节奏感；均具有合理的发力时机；均具有连贯用力的意识。

第四，在身体素质方面：均要求具有速度、力量以及全身协调用力的能力。

虽然两个项目都是在投掷圈中进行的，左腿都有一个制动、支撑用力的动作，但左腿的用力是一个复杂的过程，而不仅仅是一个简单的动作形式。左腿在最后用力过程中，能否形成合理的支撑技术，对最后用力的效果影响极大。右腿着地后进入单支撑阶段，这时最后用力已开始，但不是最后用力的有效阶段，只有在左腿着地后才能形成有效的加速用力。左脚的落地方式不但对左脚的用力有直接影响，而且对右腿的用力也有极大影响。所以，左腿落地的方式对于力的传递和最后用力的完整性起着重要的作用。

我们知道，在最后用力过程中，器械能否按正确的轨迹运行，与左腿落地方向和用力方向有关。而且器械能否加速运行，与左腿落地的时机有关。

器械出手的高度、角度，左腿用力和右腿用力配合有关身体躯干的转动，肩的拉引角和髋部的转动重心的位移，都与左腿的蹬伸程度和转动程度有关。推铅球、掷铁饼在左腿用力的目的上是一致的，在动作形式上都有着相似的踝关节、膝关节运动过程。

运动节奏反映了完整行动中各个动作规律性的次序。两个项目的整个技术动作过程具有同步性，其节奏的结构基本上趋于一致。例如，在按比例改变动作的空间、时间和力量特征的情况下，表现为动作的加速或减速、动作过程中用力程度的变化以及各肌群参与工作时的有序性均协同一致，尤其在技术的关键性因素和条件上（旋转发力）趋于一致。

意识的心理过程总是伴随着技术的过程。两个项目的主要技术阶段的心理注意指向有许多相同点：旋转中逐渐加速、器械出手节奏快、运用超越器械的原理等。推铅球、掷铁饼在技术上和身体素质上均存在相同要素，是产生运动技能迁移的基础，在非关键技术上，尽管三个项目有所区别，但在最后用力等关键技术上却存在着共性的环节——蹬地、转髋、挺胸，并且在身体素质上均以速度力量为核心。在运动技术环节上和身体素质上的共同要求，为正迁移奠定了良好的基础。

第九章　全能项目组合训练研究

田径全能项目享有"田径之王"的美誉，女子全能比赛由七个单项组成，男子全能比赛由十个单项组成，田径全能运动员的单项训练完全不同于单项训练，即使在技术训练规格和训练负荷安排方面，也与田径单项训练存在很大差异。对于全能项目训练而言，遵循运动技能迁移规律，合理地利用能量代谢共性特征，有针对性地进行"合并同类项"的组合训练就显得至关重要，这种组合训练不仅能够有效节约训练时间和提高训练效率，还能很好地节省运动员的体能消耗，进而降低运动损伤发生的概率。

第一节　技术训练的组合

一、短跑加速跑与跳远助跑技术组合

跳远助跑是一个"前"因"后"果的过程。人体从后方加速跑出的技术直接影响到紧接着的高速行进间的跑动技术。而高速行进间的跑动技术又会直接影响倒数第二步和最后一步的起跳技术。

（一）短跑加速跑技术的特点

短距离跑起跑后加速跑阶段的任务是在最短时间内尽快地发挥出较高的跑速，迅速过渡到途中跑。这一阶段要求练习者逐渐增大步长和步频，并充分利用重力的作用。同时配合速度的增大，使上体从较大前倾身体姿态逐渐抬起。随着身体重心逐渐升高和速度的迅速提升，两脚的着地点逐渐靠近一条直线。

（二）跳远助跑技术的特点

跳远助跑的任务是获得必要的水平速度和为起跳产生必要的垂直速度创造条件。不同的跳跃项目助跑虽有差异，但助跑技术有共同要求，即动作轻松、自然，身体重心移动平稳，便于在短时间内发挥到能顺利完成起跳动作的最大速度；步长和加速节奏稳定，便于在助跑结束时能准确踏上起跳点或起跳板；助跑的最后几步加速节奏明显，适当降低身体重心，为起跳时改变

人体运动方向创造良好的条件。

（三）技术组合训练方法手段

1. 标记物加速跑+节奏跑练习

练习时首先借助标记物进行加速跑，加速阶段在助跑的前6~8步增加标记物，标记物距离递增，驱动时练习者的脚下压回落，利用标记物让练习者体会步幅逐渐增加的感觉。在加速达到最大速度后，保持最大速度继续进行一小段节奏跑。

可将第一条胶布贴在起跑线后0.5米的地方。之后的每两条胶布之间的距离增加15至20厘米（如0.5米、0.7米、0.9米、1.1米、1.3米、1.5米、1.7米、1.9米，或0.5米、0.65米、0.8米、0.95米、1.1米、1.25米、1.4米、1.55米）。具体递增的距离应该根据练习者的训练年限和力量水平来确定。进行加速阶段的反复练习，以增强助跑的一致性。确保手臂伸长大幅摆动，与加速跑时脚与地面接触时间相对较长相一致。在加速跑时，头部与身体躯干呈一条直线，不要向下或向上看，每一步都用力蹬地。在迈出加速阶段的第一步时，身体躯干的角度应为45°；在迈出第六步后，身体呈直立状态，摆动腿前摆时脚要抬到支撑腿膝盖的高度。在达到最大速度时，腿部会像活塞一样对地面施力，而不要做过多后蹬的动作。节奏跑时注意节奏的控制。该练习应该在训练过程的早期进行，而且至少应每周进行一次。

2. 加速跑+标记物节奏跑练习

首先进行短距离的加速跑，加速跑阶段可以不用标记物来完成；在短距离加速后，进行节奏跑，此时利用等距标志物对跑步节奏进行控制，以帮助训练步频和步幅的稳定性。

该练习加速阶段不必过长，较短距离的加速练习可以帮助初学者体会起跑后的发力动作，以便建立正确的加速模式。节奏跑时标志物的距离等距，标志物间距离应该根据练习者的训练年限和水平来确定。可采用20米加速跑+40米标志物节奏跑进行反复练习。这个练习的加速跑起始动作可以采用前倾式起跑、蹲踞式起跑或在起跑器上进行起跑。

3. 抗阻加速跑+标记物节奏跑

首先进行抗阻力加速跑，可利用牵引雪橇、阻力伞、弹力带提供阻力，发展加速跑的能力；在短距离抗阻力跑后，主动或被动释放所施加的阻力，接着借助标记物进行节奏稳定的节奏跑。

考虑到释放阻力的便捷性，常常采用弹力带作为阻力器械。当采用弹力带作为阻力器械时，可让另一名运动员在身后拉住系在腰部的弹力带以提供阻力，进行20~30米的加速跑。在身体向前加速跑动时，注意腿部的完全伸展动作，并要根据练习者的力量和能力水平决定选择多大的阻力。阻力的大小不应对练习者的技术产生不利的影响。同时，释放阻力后可给人体一定距离缓冲，之后再进行 20~30 米的节奏跑，以使练习者调整到正确的步频和步幅后开始进入节奏跑，并进行反复练习。这种练习手段适于一般的准备期训练。

4. 变速跑

这里所说的变速跑练习是指跑的过程由不同速度节奏的段落构成，其中一些分段的速度很快。变速跑练习可以让运动员掌握高速跑动时的放松能力，并提高他们改变速度节奏的能力。

各种段落安排可以根据训练课程的目标而有所不同。但无论课程目标如何，都应该注意在加速时注重良好的加速动力；找放松跑的感觉，此时速度较快又有弹性，但很放松；在最大速度时注意脚落地时的活塞运动方式，在减速时缓慢减速以保护胫骨。

每个分段的距离可以根据需求进行调整，如 30~20~30~20~30 米变速跑、30~30~30~30~30 变速跑、30~20~30~40~30 米变速跑。

二、下肢转蹬技术与超越器械技术组合

技术的不断优化是通过一系列肌肉协调同步收缩和放松，使器械得到最大速度这一过程实现的。运动员应利用与投掷项目相关的力量做出正确的姿势和技术，进而提高成绩表现。

（一）下肢转蹬技术的特点

在推铅球时的滑步、掷铁饼时的旋转、掷标枪时候的助跑以及掷链球时的旋转阶段，动力腿、动力脚、摆动腿、支撑脚的内旋、内收、外旋、外翻都是为形成最后用力特定准备姿势所做的动作，特定的两脚着地方式与角度有利于运动员动力腿（脚）的最大蹬伸与转蹬用力的发挥，增加了转蹬效率。

（二）超越器械技术的特点

超越器械就是尽可能地拉长人体工作距离，通过器械落后于人体支撑点，使躯干部位的肌肉充分拉伸，进而使人体能够充分发挥爆发力的身体准备姿势。这个姿势对于最后用力动作至关重要，超越器械的动作幅度越大，最后用力阶段的工作距离越大，肌肉做功效果越好。超越器械姿势的形成需要躯干和上肢保持扭紧姿势，下肢动作要快于躯干动作，通过快速下压摆动腿，尽快形成双支撑姿势，为最后用力做好充分准备。

练习者可以通过徒手模仿练习体验躯干充分拉伸的感觉，找到肩、髋、

膝、踝应处的位置，进而形成本体感觉。以此为基础，采用斜坡体验摆动腿积极下压形成双支撑的本体感觉，技术熟练后再使用轻器械，进行超越器械与最后用力的组合训练。当形成较高的衔接速度后，再使用重于标准器械的重物进行旋转与超越器械的组合训练。

(三) 技术组合训练方法手段

1. 背向负杠铃杆蹬转成满弓练习

动作姿势：在平坦的空地上，练习者身负杠铃杆背向或者侧向原地推铅球姿势站立。按照蹬、转、松的技术要领，快速将身体蹬转成满弓。

练习要领：在准备动作时，要把杠铃与身体重心压在支撑腿上，摆动腿自然伸直放在身体后方。练习时，蹬地腿要快速蹬转，向前移送重心，上体控制好，不要抬起。做完一次练习后，稍作休息再做下一次练习。

练习要求：杠铃的重量要根据练习者的综合水平进行设置。上体一定要控制好，不要抬起。由于上体有负重，惯性大，若控制不好，易拉伤腰腹肌肉和上肢肌肉，所以练习者要循序渐进。

2. 双手持杠铃片转体满弓

动作姿势：两脚左右开立，略比肩宽，双手握杠铃片两端，置于体前。身体向右侧转的同时屈右腿，将左侧躯干的肌肉拉紧，杠铃片侧举至高于肩部，随即屈右腿将左侧躯干肌群拉紧。提右脚跟，右膝内扣并进行蹬伸，将髋转向左侧，同时左腿支撑，体以髋为轴做收腹挺胸翻转至左侧，杠铃片保持不动，使身体拉紧成满弓，然后向左上方做甩动动作。手持杠铃片顺势下摆，再做左侧同样的动作。连续进行练习。

练习要领：用力顺序为自下而上，动作连贯正确。预摆、蹬送髋、翻转满弓、振甩等动作积极，用力幅度大。

练习要求：下肢蹬撑积极，送转髋动作明显。上下肢用力动作协调，满弓充分。左、右方向的动作幅度和质量应基本一致。

3. 手拉弹力带转体满弓练习

动作姿势：将弹力带固定在身后，左脚在前、右脚在后站立，左手自然抬臂，在胸前弯曲，右手从后方拉住并绷紧弹力带，体重落在弯曲的右腿上。通过右腿的伸展开始做弹力带向前牵引的动作，该伸展动作使右髋向前上方转动，并向前拉动弹力带。

练习要领：准备时转动肩膀，使肩膀与弹力带平行，左肘指向前方。伸展时积极转动髋关节。

练习要求：当运动员的身体重心越过弯曲但稳定支撑的左腿时，以快速的手臂挥击动作将弹力带由身体上方向前引。

三、伸髋技术与扒地技术组合

（一）伸髋动作的技术特点

积极的伸髋动作展示了在与地面接触期间力的作用方式。高速跑阶段尽量少的地面接触时间对于短跑项目的成功至关重要。当与地面接触时间过长时，会导致身体前后动作的力学机制不平衡，其结果是弹性力量的产生被破坏、身体正确姿势瓦解。人体跑动时应该是以活塞式的动作撞击地面，而不是刻意用脚抓地，这意味着一个显著的垂直方向的作用力施向地面，积极伸髋动作的目的是在短时间内产生强烈的冲量。

（二）扒地动作的技术特点

扒地阶段的技术特点是着地点尽量靠近身体重心投影点，前脚掌鞭打扒地，动作积极、轻快、柔和。正确的着地技术要求摆动腿向前向下，前脚掌积极扒地，脚着地后，支撑腿积极缓冲，踝、膝关节做退让动作，同时另一条腿积极向前摆动，加快身体向前的移动速度，缩短前支撑时间。

（三）技术组合训练方法手段

1. 原地动作循环练习

动作姿势：原地单腿站立，站立腿同侧的手扶住固定结构保持身体稳定。摆动腿的脚向前下方踏向地面，前脚掌积极扒地。脚掌落地后在水平方向摩擦地面，能听到"啪"的一声，脚掌只需蹭过身体下方地面即可。

练习要领：这个动作产生的动量会使脚离开地面后自动向臀部靠拢，膝盖上抬回到初始姿势。重复进行该动作的练习。

练习要求：当脚离开地面时，应该直接向臀部靠拢，而不是向后踢出，并始终保持脚趾向上勾起的姿势。

2. 弹力带抗阻原地动作练习

动作姿势：将弹力带一端固定在身体前方脚踝高度处，另外一端固定在练习摆动腿的脚踝上。原地单腿站立，站立腿同侧的手扶住固定结构保持身体稳定。摆动腿的脚向前下方踏向地面，前脚掌积极扒地。脚掌落地后在水平方向摩擦地面，能听到"啪"的一声，脚掌只需蹭过身体下方地面即可。

练习要领：这个动作产生的动量会使脚离开地面后自动向臀部靠拢，膝盖上抬回到初始姿势。积极对抗弹力带的阻力，积极伸髋。

练习要求：注意保持弹力带适当的阻力。当脚离开地面时，应该直接向臀部靠拢，而不是向后踢出，并始终保持脚趾向上勾起的姿势。

3. 跨步跳

动作姿势：跨步跳是一种跳跃着前行的跑步动作，腾起时膝盖向前用力伸展，起跨腿向后伸髋。手臂与双腿运动呈相反方向用力摆动。

练习要领：离开地面时身体完全伸展，在空中形成弓箭步姿势。

练习要求：在跨步跳时，脚要积极地落地，这个动作要向地面施加非常强的作用力。跨步跳练习通常采用20~40米的距离，这是一个要求相对较高的练习。

第二节 身体素质训练的组合

一、最大力量与爆发力的训练组合

（一）最大力量的训练特点

最大力量是指肌肉通过最大随意收缩克服阻力时所表现出来的最高力值。最大力量是通过不断增加训练负荷来提高的，训练的特点是训练量少、强度高，在此过程中肌肉的收缩能力也有所提高，高于80%1RM最大力量训练负荷可以增加肌肉的张力，同时募集更多运动单位。

（二）爆发力的训练特点

最大爆发力是指在最短时间内克服阻力的能力。爆发力由两个参数确定，即速度与力量。爆发力水平取决于肌肉的收缩速度和最大力量。同时，肌肉的工作方式和阻力的大小也会影响爆发力的训练。发展爆发力的肌肉的主要工作方式是动力性的，尤其是向心收缩的动力工作方式；爆发力练习的范围相当广（发展相对爆发力的练习负荷应在50%~60%1RM左右，发展最大爆发力的练习负荷应在70%~80%1RM左右）。

最大力量与最大爆发力的训练组合如表9-1所示。

表9-1 最大力量与最大爆发力的训练组合

组合训练部位	组合练习内容
上肢	杠铃卧推+击掌俯卧撑
后侧链	哑铃划船+壶铃摆
下肢	杠铃深蹲+跳深练习
下肢	杠铃硬拉+杠铃臀冲练习
全身	山羊挺身+卷腹+高翻

二、爆发力与动作速度的训练组合

动作速度是指人体或人体某一部分快速完成某一个动作的能力，其与爆发力的训练组合见表9-2。

表 9-2　爆发力与动作速度的训练组合

技术动作	组合练习内容
跑步摆臂动作	弹力带抗阻摆臂+空手快速摆臂
跑步腿的下压着地	弹力带抗阻原地摆动+半高抬下压小步跑+积极下压高抬腿跑

三、旋转爆发力与动作幅度的训练组合

（一）旋转爆发力的训练特点

旋转力量训练可以分为两类：旋转稳定性训练（rotational stability taining）和旋转爆发力训练（rotational explosive training）。旋转爆发力是指在保持腰椎和腰骶关节面稳定的前提下，通过髋关节和胸椎的旋转快速发挥肌肉力量的能力。旋转爆发力的训练以旋转稳定性为基础。旋转爆发力训练的目的是提高躯干支柱部位的爆发力，训练目标是躯干支柱部位的浅层肌肉。由内（深层肌肉）到外（浅层肌肉）是发展旋转爆发力的首要原则。

（二）动作幅度的概念

动作幅度是指身体或某一部分在一定的基准点距离或角度（可用测量的度数、尺度和线段单位来确定或表示）之间移动的值。

旋转爆发力与动作幅度的训练组合如表 9-5 所示。

表 9-3　旋转爆发力与动作幅度的训练组合

运动姿	组合练习内容
半跪姿	弹力带斜下拉
	弹力带斜上拉
	弹力带侧拉
前后分腿姿	斜上方掷药球
	斜下方掷药球
	横向掷药球
站立运动姿	气阻训练仪斜上拉
	气阻训练仪斜下拉
	气阻训练仪侧拉

四、最大速度与速度耐力的训练组合

（一）最大速度的训练特点

发展最大移动速度每次练习的持续时间不能过长，一般地讲，应保持在

20秒以内。多采用85%~95%的负荷强度，练习的重复次数不应过多，以免训练强度下降。间歇的时间应能使运动员机体得到相对充分的恢复，以保证下一次练习的进行。

（二）速度耐力的训练特点

无氧耐力也叫速度耐力，是指机体以无氧代谢为主要供能形式，坚持较长时间工作的能力。在无氧代谢供能的肌肉活动中，磷酸肌酸分解供能，不产生乳酸，叫磷酸原代谢供能，机体处在这种状态下，坚持较长时间工作的能力，称为磷酸原代谢供能的无氧耐力。

速度耐力训练组合常采用以下几种模式：一是30米快速半高抬下压小步跑+300米跑；二是30米快速下压高抬腿+400米跑；三是30米抗阻力冲刺跑+500米跑；四是5秒快节奏推墙跑+600米跑。

在无氧代谢的肌肉活动中，糖的酵解供能，产生乳酸。机体处在这种状态下坚持长时间工作的能力，称为糖酵解代谢供能的无氧耐力。提高糖酵解无氧代谢供能的无氧耐力训练的强度为80%~90%，以使运动员机体处于糖酵解供能状态，一次练习的持续时间在1~2分钟。以跑为训练手段时，其距离应控制在300~800米，一般以400米为宜。

第三节　全能训练计划案例

一、全能运动多年训练计划纲要

我国和世界许多国家的田径教练员都认为，14岁前应把多项训练作为基础训练，不急于选定专项。各种田径单项基础训练大体相同。根据全能运动发展趋势和运动成绩增长的进程，应当把全能运动多年训练过程分为三个阶段，即初级专项训练阶段（15~17岁）、专项提高训练阶段（18~20岁）和高级训练阶段（20岁以后）。不同年龄段训练内容的比例如表9-4所示。

根据女孩生理发育较早的特点，每个阶段可提前1~2岁。这样划分阶段也适合国际田联和中国田联现行竞赛制度（20岁以下参加世界青年锦标赛和全国青少年锦标赛）。

表9-4　不同阶段训练内容比例

阶段划分	一般身体训练	专门身体训练	技术训练
初级专项训练阶段	30	30	40
专项提高训练阶段	20	30	50
高级训练阶段	5	35	60

(一) 初级专项训练阶段

这个阶段要经过3~4年的训练，目的是为全能项目打下身体素质和基本技术基础，培养对全能项目的爱好和兴趣。特别注重柔韧性、灵活性和协调性练习，进行速度、弹跳力和轻器械的投掷训练。掌握撑杆跳高、跨栏跑、掷标枪、跳远等复杂项目的基本技术。发展一般耐力，采用相当于体重40%~70%的重量进行力量练习，用中等强度和可控制的速度进行练习，要特别注意技术和基本动作的规范化和正确性。

苏联教科书提出的15~17岁少年女子全能运动员身体训练水平的检查标准为：30米行进跑3.5~3.6（秒），30米起跑4.5~4.6（秒），立定跳远2.40~2.50（米），立定三级跳6.80~7.20（米）；4千克铅球前抛12~13（米），后抛13~14（米），双手头上掷2千克铅球13.5~14.5（米）。

(二) 专项提高训练阶段

这个时期的训练任务是全面展开各项技术教学训练，掌握和进一步熟练技术，接近和达到成绩模式要求。要求建立广泛的身体训练基础，特别重视有氧代谢跑的耐力训练。

速度训练要合理安排、分散进行，贯穿于整个训练过程；速度训练要服务于全部项目，综合利用速度的发展水平。

力量训练着眼于绝对力量的提高，一般力量练可采用最大重量的75%~90%；最大重量力量练习一周不要超过一次。男子抓举重量相当于体重的100%，提拉翻重量为体重的120%~130%。女子七项运动员采用杠铃和其他负重练习。采用自身体重40%~60%的重量发展肩带肌肉力量，用100%~120%的重量发展腿部力量（下蹲、挺举等），抓举重量相当体重80%~90%，提拉翻杠铃重量为体重的100%。注重力量练习和跳跃练习相结合，动力和静力相结合。

男子十项运动员立定跳远应达到3.00~3.20米，原地三级跳远应达到9.30~9.50米；女子七项运动员相应为2.60~2.75和7.80~8.40米。运动员应稳妥地增加训练量和强度，创造个人第一个好成绩，成为"基本成型"的全能选手。

(三) 高级训练阶段

这个阶段是运动员达到高水平成绩阶段，是全能选手的兴盛时期，包括初次获得优异成绩、发展能力时期和最高水平保持时期。这个阶段很长，许多男女全能运动员的高峰时期能保持到30岁以后。

20岁以后的训练，要使练习者在全能所有项目中都达到最高成绩，获得高水平和熟练、稳定的技术与成绩。为准备全国运动会、亚洲运动会（包括亚洲锦标赛）、奥运会（包括世界锦标赛）等世界系列大赛，要进行2~4年为一大周期的多年训练,并参加相应的全能比赛,在预期大赛上创造最佳成绩。

二、年度训练计划纲要

年度训练计划包括以下内容:

(1) 人员基本情况:姓名、性别、年龄、身高、体重、文化水平、训练程度、籍贯、民族。

(2) 运动成绩水平、专项成绩、身体和技术状况、运动比赛经历、心理特点和身体素质特点、健康状况的分析。

(3) 任务指标:参加何种比赛和运动会,成绩指标和名次指标。

(4) 全年训练计划的周期划分:

①单周期:准备期(11月—次年4月中);竞赛期(4月中—10月底),按比赛日程分为第一比赛阶段(5月—6月)、第二比赛阶段(7月—10月);过渡期(10月中—11月初)三周左右,单周期适用于初级专项训练阶段和专项提高训练阶段的初、中级运动员(二级或一级运动员)。

②多周期:按比赛日程划分训练周期,即有几次全能比赛就划分几个周期,每个周期分为三个阶段:基础训练阶段、深化强化训练阶段和赛前安排阶段。每个阶段的时间长短根据两次全能比赛间隔时间的长短来定,同时考虑到运动员身体、技术状况和竞技状态。以大比赛为核心来安排训练。

(5) 全年训练的总任务、专项总分指标,以及各单项、身体素质指标。

(6) 运动量和强度。这是计划的重要组成部分,必须考虑到的因素包括:运动员的训练水平,比赛指标要求,运动员的承受能力(健康水平),训练水平的不断提高;预防和治疗伤病。

全能运动员全年训练计划单周期计划结构形式如表9-5所示。

表9-5 全能运动员全年训练计划单周期计划结构

周期划分	日期	阶段性质	时间	训练要点
准备期	11月上旬—次年4月上旬(150天)	冬训基础训练阶段	11月中—12月中	身体素质:一般发展、一般耐力、基础力量、综合力量 技术:跑、跳、投各项基本技术和辅助练习
		冬训强化训练阶段	12月中—1月底	素质:一般耐力、速度耐力、基础力量、专门力量 技术:跑、推铅球、跳高、跳远、撑竿、跨栏和分解技术

续表

周期划分	日期	阶段性质	时间	训练要点
准备期	11月上旬—次年4月上旬（150天）	冬训检查比赛阶段	2月初—2月中	进行身体素质检查、测验或参加单项和小多项比赛2~3次
		春训强化训练阶段（技术）	2月中—3月底	素质：速度、速度力量（弹跳力）、耐力、速度耐力、投掷能力 技术：跨栏、投掷（长投）、跳跃项目半完整和完整技术
		春训检查比赛阶段	4月	参加单项、小多项和全能比赛，进行高质量、较大强度跨栏、跳跃和投掷项目的完整技术训练，逐步提高竞技状态
竞赛期	5月1日—10月底（180天）	赛前训练阶段或比赛开始	5月	素质：专项速度、专项力量（保持大力量）、专项弹跳和专门耐力 技术：高质量、大强度和最大强度完整技术为主，减量提高状态参加比赛
		夏季第一比赛阶段	6月	进行高质量、高强度训练，减量，获得最高竞技状态，参加系列赛，在主要大赛上创造最好成绩
		夏季训练和比赛阶段	7月—8月	素质：保持和提高专项素质，进行系统的速度、专门力量、专门耐力训练 技术：系统地进行各项完整技术训练，参加单项和全能比赛
		夏季第二比赛阶段	9月—10月中	参加全国比赛、国际比赛、系列比赛，边练边比；巩固和提高专门素质，通过系统的完整技术训练和比赛提高专项能力，巩固技术，不断创造佳绩

续表

周期划分	日期	阶段性质	时间	训练要点
过渡期	11月初—11月中（20天）	秋季比赛、休息、调整阶段	10月中—11月初	争取机会参加1~2次秋季比赛、表演赛，逐步降低运动量，改变练习手段，保持一般活动，从事球类、爬山游览、越野、慢跑、探亲、休整、治疗和恢复体力，总结全年训练，制订来年计划

三、周训练计划

全能运动员应根据全能运动年度训练计划各阶段的不同训练内容，有针对性地安排具体的训练内容和训练方法、手段。周训练计划的制订对运动负荷的强度和运动负荷量提出了较为具体的要求，因此，在制订计划的过程中，应考虑到运动员的训练水平和负荷承受能力、全能比赛的任务要求及不同季节的训练特点等方面的影响因素，制订合理的周训练计划。具体示例见表9-6。

表9-6 全能项目周训练计划示例

时间	阶段	主要任务及方法	日次	训练内容
准备期	基础训练阶段	主要任务：提高速度力和进行全面身体训练 主要方法：速度耐力练习，速度力量练习，专项技术练习和专项技术模仿练习	周一	短距离跑的专门性练习×3组，30~60米跑的总量200米，跳远练习20次，100米反复跑×4次
			周二	跨栏的专门性练习6次，跨5栏×4组；掷铁饼专项掷实心球24次；力量练习（60%~80%）；抓举、挺举各4次/组×6组；柔韧性练习
			周三	标枪上生投×16次；1 200米计时跑×1次；柔韧性练习
			周四	跳高练习20次；速度耐力300米×3次；柔韧性练习
			周五	跨栏练习；栏间栏侧过6栏各5次；力量练习；跳深80次；柔韧性练习
			周六	专项技术模仿练习；掷铁饼原地仿练习和上步徒手掷标枪练习各30次；越野跑4 000米
			周日	休息或草地放松跑

续表

时间	阶段	主要任务及方法	日次	训练内容
准备期	专项训练阶段	主要任务：提高专项速度能力和专项速度耐力，完善和巩固专项能力 主要方法：通过有氧跑、无氧跑、短跳、长跳、绝对力量等练习提高专项速度能力和速度耐力；通过提高技术练习的强度，进一步完善专项技术能力	周一	跑的专门性练习：30米加速跑×3次，50米加速跑×2次，100米跑×2次；跳远练习：全程跳10次；柔韧性练习
			周二	跨栏的专门性练习：栏间、栏侧过5栏×10次，过6个栏×5次；跳深练习30次；柔韧性放松练习
			周三	掷标枪专门性练习：上步投12次，半程投20次；耐力练习：2 000米跑1次；放松练习
			周四	跳高专项练习：助跑节奏练习×10次，半程过杆练习×15次；力量练习：抓举、挺举深蹲组各含5次×3组，放松跑300米×3次；放松练习
			周五	掷铁饼专项练习：原地和旋转投各20次；跳跃练习：50米单腿跳×4组，50米跨跳×4组；放松跑及按摩等活动
			周六	身体素质练习：专项模仿练习，腰腹、背肌练习各（20~30）次×5组；越野跑3 000米；放松练习
			周日	休息
比赛期	赛前训练阶段	主要任务：在技术和专项能力上达到最佳竞赛状态的要求 主要方法：完善技术练习，降低负荷及强度	周一	30米×6次，100米×4次，放松跑20分钟
			周二	跨栏过5栏×4次；投掷铁饼20次；力量练习：抓举、挺举深蹲（95%）4次/组×4组；放松性练习
			周三	掷标枪全程跑投（强度85%~90%）20次；1 200米×1次（强度95%）
			周四	跳高全程跑步点×8次，过杆10次（强度85%~90%）；速度耐力练习：300米跑×3次（强度90%）；放松跑20分钟
			周五	弹跳练习：立定三级跳、五级跳各×10次；抓举、快挺、深蹲（95%）3次/组×3组
			周六	草地放松跑30分钟，柔韧性练习
			周日	休息

四、全能项目课训练计划

课训练计划是构成小、中、大周期训练计划的最基本实施方案。每次训练课可称为一个训练单元，应根据周训练计划的安排和每个运动员的具体情况，确定每次训练课的训练内容、手段、方法、要求、负荷量与负荷强度等。制订课训练计划的目的是使训练计划与运动员的实际情况保持一致，达到最佳训练效果。具体计划见表9-7。

表9-7 全能项目课训练计划示例

课的部分	时间（分钟）	内容与手段	方法及要求	强度（%）	练习量	间歇时间
课的任务：1. 发展专项技术；2. 巩固发展专项能力						
准备部分	30	1. 整队集合 2. 宣布训练内容与要求 3. 慢跑1 600米 4. 柔韧性练习 5. 专项短距离跑专门练习：高抬腿、后蹬跑、30米加速跑	1. 柔韧性练习：肋木辅助 上肢—躯干—下肢 重点：大腿前后肌群及膝踝关节 2. 专门性练习：要求动作频率逐渐加快至快速跑出	60~90 85~90	4×8拍/组×3组 30米+30米×2	30秒 30~50秒
基本部分	85	1. 跨栏练习：栏侧、栏间过栏站立式起跑过5栏 2. 掷铁饼练习原地投12次，旋转投20次 3. 力量练习：快速抓举、挺举、大力量半蹲	1. 要求：积极、放松、快速摆动，起跑有力，跨栏积极，保持节奏 2. 要求：器械加速，技术稳定 3. 要求：练习爆发力和最大力量	80 90~95 60~95	5栏5次×3组 5栏5次×6组 4次×3组 4次×5组 (3~8)次/组×4组	2分钟 1分钟 5分钟 1分钟
结束部分	10	1. 慢跑 2. 柔韧练习	1. 600米 2. 徒手练习			
课后小结	5					

资料来源：谢慧松. 业余田径训练计划制定与范例 [M]. 北京：北京体育大学出版社，2005.

五、全能比赛安排

训练的目的在于比赛,随着运动技术水平的提高,比赛次数逐年增加。

(一) 比赛次数和比赛相隔时间

男、女全能比赛要比单项比赛复杂得多,因此对高水平全能运动员的训练,必须按比赛划分周期,使其按计划有准备地进行。完整的七项和十项全能比赛一般每年 3~5 次,两次全能比赛之间最好相隔三周,即使处于竞技状态最佳时期也应如此。专门统计表明,一次十项全能比赛能量消耗超过马拉松能量消耗的 2.5~3 倍。不过十项全能在两天内比赛完毕,随时消耗随时得到补充罢了。

(二) 比赛计划的制订

全能比赛的特殊性使其比赛次数大大地少于单项。因此,务必珍惜每一次比赛机会。赛前认真分析自身情况,仔细了解对手水平,制定出经过努力可以达到的指标;了解比赛的具体时间、地点、气候条件、参加人数,做到有条不紊。要根据不同级别的比赛,提出比赛的指导思想,力求达到预定的目标。

(三) 比赛时作息时间的安排

根据比赛日程安排好作息时间。比赛前两天准备好服装、器材、号码布,规定起床、早餐时间,准备好比赛中的饮食等。第一天和第二天第一项比赛前 70 分钟到达比赛场地。

(四) 比赛前的准备与调整

考虑好每天第一项比赛准备活动的时间和内容,赛前不做高难度练习和危险动作,并同医生、教练员搞好协作。了解径赛项目分组和道次、田赛项目的分组和轮次。根据比赛参加者的多少,决定高度项目第一个起跳高度(跳高应比个人最高成绩低 15~20 厘米、撑竿跳高低 50~60 厘米)。根据实际情况决定免跳高度,确保第一高度、第一次试跳和试投成功和有可靠成绩。对高度项目,一定要计划好试跳次数和每次试跳前的准备活动时间及内容,做到从容不迫;对远度项目也应计划好每次试投前的准备活动。最后一个项目 800 米和 1 500 米的体力分配方案必须预先制订好。

一次成功的全能比赛一定要杜绝大失误,消灭"中失误",减少"小失误",力求做到高水平或超水平发挥。对自己要有十足的信心。遇到大风、雷雨等恶劣气候,心情不要沮丧,情绪不要低落,因为参赛者的条件是相同的。不论比赛结果好坏,不到非中断比赛不可时(严重受伤),不能轻易中途退出比赛,因为即使是失败的比赛,也可以积累宝贵的经验,成为下次成功的借鉴。

20世纪80年代以来，我国一批优秀男女全能选手翁康强、龚国华、陈泽斌、叶佩素、朱玉青、童玉萍、马苗兰等都善于在大比赛中发挥水平，提高成绩，这说明他们能有效地控制比赛过程，掌握比赛规律，值得新手学习。全能教练员应当精通业务，具有丰富的实践经验和全能运动的体验，有扎实的理论基础，能勤思考，细观察，善于从各田径单项教练员和运动员的表现中吸取精华；能纵向继承，横向借鉴，积极学习国内外先进技术和科学实践经验，逐步加深、加快对本项目特点和规律的认识，形成具有独特见解的训练指导思想和科学的训练体系。教练员要头脑清醒，概念（技术、训练手段、方法）清楚，对全能运动的整体训练和它包括的每个单项技术训练有较深的造诣，训练手段丰富，层次分明，运用得当；掌握教学训练技巧，善于抓本质、抓核心、抓转机，讲究实效；能积累资料，搜集信息，不断总结、探索和创新。

参考文献

[1] 曹跃兴. 对运动技能迁移的研究 [J]. 体育科技，2004（1）：19-21.

[2] 赵洪波. 田径动作技能系统特征及其学习过程中迁移指导策略研究 [D]. 北京：北京体育大学，2013.

[3] 许崇高，郑建华. 跑跳类田径技能"元动作"分析及其学习的类比迁移问题 [J]. 西安体育学院学报，2006（2）：116-119.

[4] 李鸿江. 田径 [M]. 北京：高等教育出版社，2018.

[5] 《田径运动教程》编写组. 田径运动教程 [M]. 北京：北京体育大学出版社，2013.

[6] 田麦久. 刘建和编运动训练学 [M]. 北京：人民体育出版社，2000.

[7] 国家体育总局训练局国家队体能训练中心. 身体功能训练动作手册 [M]. 北京：人民体育出版社，2014.

[8] 尹军，袁守龙. 身体运动功能训练 [M]. 北京：人民体育出版社，2017.